JN439776

창립 30주년 특집

2022 · 부산 **詩文學** 사화집 29

빛과 바람의 시선 반짝이고

창립 30주년 특집

2022 · 부산 **詩文學** 사화집 29

빛과 바람의 시선 반짝이고

강남주
강정화
이몽희
탁영완
조민자
백영희
한경동
송인필
배기환
장동범
김지숙
이혜화
최지인
고훈실
오영숙
정성환
윤유점
최순해
권오주

도서출판 푸른사

부산 詩文學 30년 발자취

신서정시그룹

1990· 여름

부산시문학 모태가 된
'신서정시그룹' 사화집

詩가있는 저녁

『詩가있는 저녁』은 매월 둘째주 금요일 오후7시
영광도서(2층) 사랑방에서 열립니다
●주 최 : 부산 시문학 시인회

1993. 3. ~ 1996. 1. 30회
시낭송 및 독자와의 대화 '시가 있는 저녁' 개최

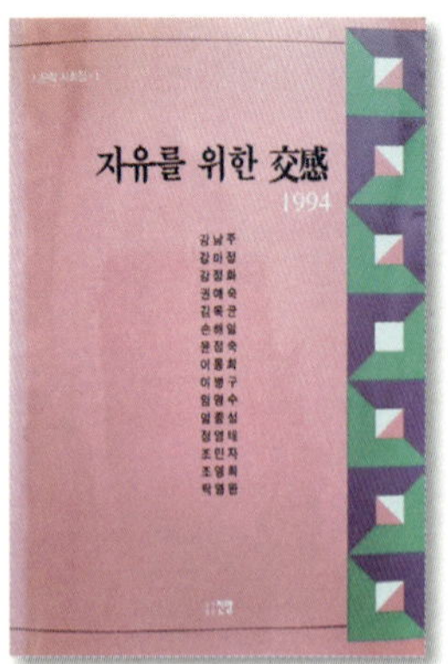

1994. 11. 30.
첫 사화집 『자유를 위한 교감』 발간

1996. 4. 한영일 대역시집
『세계로 띄우는 우리의 시』 발간

1996. 5 .24. 일본 '호수아비' 동인회와 교류 협정식(해운대 파라다이스 호텔)

1997. 8. 23. 일본 미야자키에서
한·일 친선 교류 세미나 '호수아비' 동인회와 공동 개최

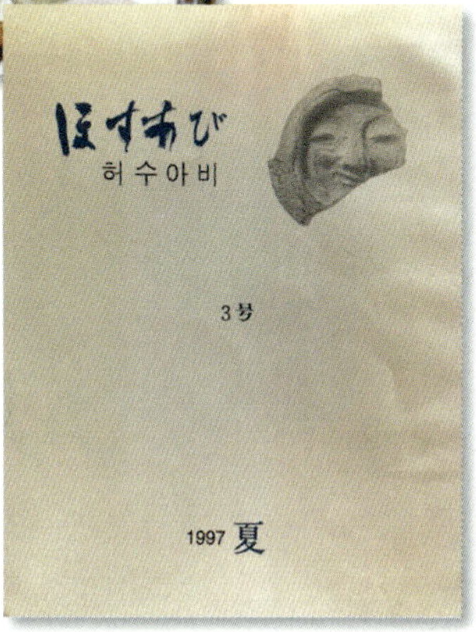

1997. 8. 23. 동인지 『허수아비』 발간

부산 詩文學 30년 발자취

1998. 8. 10. 하계 세미나 (제주)

2002. 8. 2. ~ 4. 일본 대마도 문학기행

2003. 3. 29. '함께 여는 시의 마당' (부산 동래고)

2003. 6. 24. 제1회 '시와 사진전'(삼성생명 전시장)

2003. 10. 31. '함께 여는 시의 마당' (부산예술대)

2005. 9. 2. 제2회 '시와 사진전' (부산·울산·마산 순회전)

부산 詩文學 30년 발자취

2005. 4. 29. 문덕수 선생 초청 시문학 특강 (서면 영광도서)

2012. 11. 21. 부산시문학 발족 20주년 기념 한·중·일 대역시집 『부산의 詩 아시아로 날다』 발간 (제19 사화집 겸함)

2017. 12. 11. 송년의 밤 및 출판기념회 (이비스엠버서더호텔)

2019. 9. 23. 시화전 '당신과 함께 하는 시의 몸짓'
(광복동 지하상가)

2020. 7. 12. 대연수목원 월례회 및 발표

2022. 5. 1. 이기대 둘레길 걷기 및 월례회

새로운 역사를 향하여
- 지난 30년을 되돌아 보며

강 남 주 부산시문학시인회 초대 회장

창망한 역사 속에서 헤아려 보면 30년은 찰나이다. 그러나 부산지역 현대시 역사를 살펴보면 '부산시문학시인회' 활동 30년은 결코 짧지 않다. 대표적 부산 시인단체인 '부산시인협회' 출발을 기점으로 볼 때 그렇다.

1990년에 부산에서는 '신서정시' 그룹이 탄생한다. 너무 현학적이고 난해한 시, 지나친 기교주의 시가 홍수를 이루는 시문학계에 새로운 서정성으로 바탕을 새로 다져 보자는 각오에서였다. 강남주, 이몽희, 이병구, 임명수, 정영태 시인(가나다순) 5명이 공동시집 『신서정시 그룹』을 펴냈다. 모두 시 전문지 〈시문학〉 출신이었다. 이들이 내세운 기치는 부산 시단은 물론 언론계에서도 주목했다. 신선한 바람이었기 때문이다.

내킨 김에 서정시의 보편성 확장을 위해 부산 영광도서 문화홀에서 '시가 있는 저녁'이라는 이름으로 시인과 독자의 만남 행사를 열었다. 시를 사랑하는 사람과 한자리에 앉아 현대 서정시의 유형을 이야기하고 창작법과 방향을 토론했다.

1992년 이 그룹이 주축이 되어 '부산시문학시인회'를 결성했다. 이들 모두 시 읽기와 시 쓰기에 온 힘을 다 쏟았다. 그 열정으로 1년 준비 기간을 거친 뒤 1994년 11월 『자유를 위한 交感』이라는 첫 사화집을 펴냈다. 15명이 작품 79편을 발표하는 기염을 토했다. 그야말로 신선한 바람을 일으켰던 것이다.

세월은 계속 흘렀다. 이후 활동은 사화집 연혁을 참조하기 바란다. 어떻든 부산시문학 시인들은 계속 활동 폭을 넓혀 국내외를 아울러 나갔다. 제주와 울산, 하동 등 국내 시인들과의 교류는 물론, 일본 시인들과의 교류에다 미야자키 시인들과는 『허수아비』라는 공동 엔솔로지를 통해 한국어와 일본어로 번역된 시를 연달아 발표했다.

우리 회원들은 자신의 원작 시를 영어, 일어, 중국어로 함께 번역해 작품집을 펴냈다. 그리고 미국, 일본, 중국의 주요 대학 도서관에 보내 한국시의 인식과 이해를 높이는 데 일정한 역할을 했다고 자부한다.

그런 활기를 딛고 부산시문학시인회는 계속 나아갔다. 그러는 사이 어떤 시인은 세상을 떠났다. 또 어떤 시인은 숨차게 달리는 열차에서 직장 등 개인 사정으로 하차했다. 그 가운데는 함께 하기에 생각이 다르거나 어렵다고 생각한 시인도 있으리라 본다.

그러구러 벌써 창립 30주년을 맞았다. 돌아보면 잘한 일만 있었던 것 같지는 않다. 그러나 잘못했던 일은 되풀이하지 않겠다는 자성과 함께 30주년 기념 특집호를 펴낸다. 이와 함께 30주년을 회전축으로 자세를 가다듬고 새로운 각오로 앞으로 나아가고자 한다.

개인 사정이 있을 수도 있었겠지만, 함께 활동하고 고민하는 자리를 오래 비켜나 있거나 무성의한 회원들도 없지 않았다. 또 모임의 명예를 훼손하거나, 친목을 해치는 행위에 자제를 요청하며 새롭게 나아가자는 회원들의 다짐도 있었다.

솔직히 말하건대 세월이 흐르며 우리 스스로 지난 10년은 초창기 열의에 이르지 못했다고 자백한다. 관성의 연성화와 노쇠 현상인지 모른다. 그래서 발족 30주년을 하나의 회전축으로 해서 내부 결속을 통해 새롭게 뛰고자 모두들 새롭게 마음다짐을 한다. 진정한 우리 시문학의 내일을 위해 후속 세대의 육성과 시단 진출에도 힘을 보탤 각오다. 새 피를 수혈하는 데도 게을리하지 않을 것이다.

시를 창작하는 일은 단독 의사에 따른 단독 행위다. 그러나 창작물은 때로는 사회에 대한 발언일 수도 있다. 또 독자와의 교감에 의해 효과적 의미 전달과 정서적 소통이 가능해진다고 믿는다. 그렇기에 우리는 전국 유수의 시인은 물론, 시문학 단체와 활발한 교류도 고려하고 있다. 한국시의 세계화를 위한 외국의 문학단체와 교류도 게을리 하지 않을 것이다. 강호 시인, 독자들의 격려와 아낌없는 질정(叱正) 바란다.

세계로 비상하는 부산시문학시인회

김 용 재 시인, 국제펜한국본부 이사장

부산시문학시인회는 우리나라 굴지의 시 전문 잡지인 월간 〈시문학〉을 통해서 등단한 시인들의 모임이다. 시 창작법과 진로 탐색에 대한 토론을 하며 현대시 읽기와 쓰기에 온 힘을 바치는 시인들이 뜻을 같이한 것이다. 1992년 결성되었고 1994년에 첫 사화집 『자유를 위한 交感』을 펴낸 이후 오늘날까지 작품집을 끊임없이 펴내고 있다. 더불어 국내외 시인들과 활발한 교류를 하고 있다.

일본 미야자키 시인들과는 『허수아비』라는 공동언어 작품집을 발행했고, 또한 회원들 작품을 영어 일어 중국어로 함께 번역해 4개 국어 작품집을 펴내기도 했다. 그러면서 해당 언어권의 주요대학 도서관에 보내 우리 한글시를 홍보하고 이해도를 높이는 데 주요한 역할을 했다.

위와 같은 작업은 그렇게 쉽게 할 수 있는 작업이 아니다. 의지와 결단과 실력과 추진력이 있어야 한다. 그런 의미에서 볼 때 부산시문학시인회 30년은 우리 시문학 발전의 일익을 담당한 기간임에 틀림이 없다고 사료된다. 물론 심도 있는 번역과 적극적 국제교류에 따른 우리 문학의 세계화 작업은 꾸준히 지속되어야 할 것이다.

국제펜 한국본부에서도 부산시문학시인회의 활동을 예의 주시하며 성원을 아끼지 않고 있다는 말씀을 드린다. 아마도 한 길에서 서로 만나기도 할 것이다. 세계로 비상하는 부산시문학시인회, 큰 나무로 성장하길 빌며 인고의 30년 역정에 꽃송이를 드린다.

지난 30년의 눈부신 활동을 축하합니다

김 규 화 〈시문학〉지 발행인, 전 한국현대시인협회 회장

부산 시문학시인회가 설립 30주년을 맞게 되었군요. 진심으로 축하의 말씀을 드립니다. 우리나라 최장수 역사와 권위를 자랑하는 시 전문지 〈시문학〉 출신 시인들로 회원이 구성되었다는 점에서 모지 〈시문학〉의 발행인으로서 축하의 마음이 한층 더하지 않을 수 없습니다.

저는 평소 시인은 시 쓰기로 시작해서 시 쓰기로 끝나야 한다고 믿고 있습니다. 부산 시문학시인회 여러분께서는 이러한 저의 생각과 일치되는 시 창작에 여념이 없었고, 지역 시단의 중심에 서서 결코 짧지 않은 30년 동안 변함없이 창작활동을 해 오고 있었기에 축하의 마음이 한층 더해집니다.

지금 우리나라의 문학 환경은 건조한 사막처럼 되고 있어 풍요로운 시의 마당이 차츰 척박해지고 있습니다. 인문학의 중요성이 경시되는 환경 속에서 세대를 이어갈 시인은 차츰 줄어들고 있는 것이 현실입니다. 이런 현실 속에서도 지난 30년 동안 여러분이 보여주신 시인정신은 빛나지 않을 수 없었습니다. 서울을 비롯한 전국의 시인들이 여러분의 활동을 관심 있게 지켜보는 것도 그래서라고 생각합니다.

우리 〈시문학〉 역시 여러분의 지속적인 활동을 지켜보며 가능한 한 지원도 아끼지 않을 것입니다.

지난 날 여러분이 우리나라의 지역간 활발한 시문학 교류를 통하여 시의 저변 확대에 앞장서 왔다는 점을 우리 시단은 가볍게 보지 않고 있습니다. 그리고 한 해도 빠지지 않고 여러분의 작품을 묶어 공동 시집을 펴내는가 하면 우리 시의 국제화에 앞장서서 일본의 시인들과 '허수아비' 동인회를 구성하고 일본인들과 함께 이 동인지에 작품을 발표했던 점은 우리 시단의 주목에

값한다고 생각합니다. 또 미국과 중국, 일본어로 여러분의 작품을 번역해 그 나라 대학에 보내며 우리 시의 국제화에 앞장서 왔다는 점은 시문학의 역사에 기록될 것이 아닌가 합니다.

변함없는 여러분의 활동을 기대하며 다시 한번 부산시문학 시인회가 서른 살을 맞게 되었음을 축하합니다.

서른 살, 아름드리나무 한 그루

김 미 순 (사)부산시인협회 이사장

가을이 깊어가는 수확의 좋은 계절입니다.

깊은 생각에 잠겨 씨 맺힌 풀잎을 흔들고 있는 바람의 속내

안으로, 안으로 따뜻해지는 계절의 무게를 조심스럽게 묶는 시간, 시인의 계절입니다.

매년 11월 1일은 '시의 날'입니다.

이때쯤, 각 단체마다 1년간의 알곡을 거두듯 반짝이는 회원들의 글을 모은 책들이 발행되고 각종 문학상과 문학기행, 백일장, 시 낭송 대회 등 다채로운 행사로 문단은 화려하고 풍성합니다.

시는 혼자 쓰지만 문학은 더불어 하는 것이라는 문장의 힘을 보여주는 부산 시단의 앞마당을 힘있게 지켜온 서른 살의 아름드리나무 한 그루, 부산시문학시인회의 부산시문학 사화집 30주년 특집호의 탄생을 큰 박수와 함께 축하의 인사를 드립니다.

부산시단에 앞장서서 힘차게 정진하고 있는 부산시문학시인회의 연륜과 향기 깊은 회원들의 각각의 나무결 그 문학성과 사회를 향한 폭넓은 문학적 행보에 감사한 마음도 전합니다.

새로운 역사를 향하여 내폭발의 방아쇠를 당길 것을 다짐하며 30년을 뒤돌아본다는 회원들의 다짐은 뜨겁다 못해 파란 가을 하늘도 펄펄 끓일 듯합니다.

부산시문학이 가지고 있는 힘,

첫째, 단단한 회원들의 튼튼한 결속력

둘째, 모든 면에 치밀하고 세밀한 계획성 있는 정진

셋째, 서두르지 않고 차분하게 다 함께 내딛는 힘있는 실력

자신의 내면을 들여다볼 수 있는 예술 문화의 몸짓은, 인간의 상상력과 언어와 감성이 더해진 참된 완성이라고 합니다.

시선이 멈추는 어둠쪽을 밝히며, 우리 사회를 더 건강하게 정화하는 에너지의 물결 그 중심이 되어주시기를 바랍니다.

다시 한번 부산시문학 사화집 제29집의 발간을 축하드리며, 새로운 역사를 향하여 새롭게 뛰어가는 회원들의 힘찬 발걸음을 응원합니다.

시의 얼굴을 어루만지며

배 기 환 부산시문학시인회 회장

문학은 삶에 대한 욕망이 억압당하거나 왜소하게 될 때 이러한 현상을 타파하기 위하여 등장한다고 말할 수 있을 것이다. 하루를 마친 저녁에는 항상 긍정적인 생각을 하라고 했던가. 그 저녁에 우리는 시의 얼굴을 어루만지며 시를 쓰고, 시를 다듬었다. 그것이 '시가 있는 저녁'이 되어 오늘의 부산시문학시인회가 태동하게 된 것이다.

부산시문학시인회는 그동안 중앙 문단 중심의 문학 현실에 구애됨이 없이 치열한 창작활동을 통하여 제주도를 비롯한 전국 각 지역을 순회하며 그 지역 시인들과 공동 시화전 및 시사전, 그리고 시 낭송회 등 문학적 교류와 시적 공간 확대에 전력을 다해 왔으며 특히 일본 '허수아비' 동인회와 문학의 국제교류를 통하여 한, 영, 일 대역 시집 『세계로 띄우는 우리의 詩』를 발간하는 성과를 거두기도 하였다. 무엇보다도 제1 사화집 『자유를 위한 交感』 발간 이후 제28 사화집 『우리가 우리에게 닿지 못하는』까지 한 해도 결간 없이 사화집을 발간할 수 있었던 것은 자랑이 아닐 수 없다.

창립 30주년을 자축하며 그동안 함께 문학활동을 해온 동인들의 노고와 부산시문학시인회를 아끼고 사랑해주신 많은 분들에게 깊은 감사를 드린다.

창립 30주년 특집

부산 **詩文學** 사화집 29

빛과 바람의 시선 반짝이고

Contents

창립 30주년 특집

부산 **詩文學** 사화집 29

빛과 바람의 시선 반짝이고

Contents

윤 유 점

최 순 해

권 오 주

〈등단순〉

Contents

특집시 - **실향의 시대에 산다**

강남주

경남 하동 출생
1974~5년 월간 〈시문학〉 추천
『해저의 숲』 등 시집 10권, 『중심과 주변의 시론』 등 평론집 4권
장편소설 『유마도』
부경대학교 총장, 부산문화재단 대표 역임
이메일 : kangnc@pknu.ac.kr

〈시작노트〉

시에 대한 열정이 젊은 날에 비하면 숙지막하다. 솔직한 고백이다. 그러나 시 쓰기를 포기하거나 잊어본 일은 없다.

세상과 나와의 관계, 그 숱한 사물에 대하여 잡다한 해석을 혼자서 시도해 보기도 한다. 그럴 때는 상상력이 발동한다. 그 상상력을 모아 나와의 관계 속에다 펼쳐놓는다. 그리고 뭔가 조립을 시도해 보기도 한다. 복잡한 생각만큼 시가 복잡해지면 그 잡탕의 기록들을 폐기 처분하기도 한다. 그런 일을 되풀이하고 있는 것이 요즘 나의 시쓰기다.

다시 유배된 방

바이러스로 된
두꺼운 벽 안에 갇혀
9월의 신문을 읽는다
세상 돌아가는 모습은
장마 같은 소식 뿐,
답답한 가슴을 축축하게 적신다
가을이 가고 겨울이 오면
그 다음에는 어김없이 봄이 오겠지
그때는
유배된 방에도 봄이 찾아오려나
그러나 백신 같은 소식은 아직은 없다
다시 되풀이 되는 팬데믹의 아우성
이 방안 신문에서는
아직도
다른 아무것도 읽을 수가 없다

수영교를 지나며

사랑은 어디로 흘러갔나?
드론이 기웃거리는 마천루 사이로
오염된 단어만 수영강을 흐른다
다리 난간을 두리번거리면
누추한 차림도 건너간다
그 속에 청정수와도 같았던
줄리엣 비노쉬*의 웅크림은
보이지 않는다
정화작업을 거듭한 강은
투명하게는 보인다
허지만 때묻은 사랑까지는
씻지 못했구나
솔직한,
그러나 끈끈한 세느강 물을 보며
퐁네프 다리에서 촬영하는
그런 영화 한 장면이 보고 싶어진다

* 영화 '퐁네프의 연인들' 주연 여배우

어떤 삶

나는 결백하다
그러나
구체적으로 입증할 방법이 없다
변명이 무슨 소용이 있으랴
그 많은 변호사 누구에게도
어떤 변론도 부탁하지 않았다
현장부재가 입증되면 무죄가 될까
아니면 마냥 수사 중인 인물?
진실의 실체를 찾겠다고 서두르는 동안
부자유의 자유를 누리며 사는
나는 인간 속의 인간으로
섞여 있어야 할 것인가

잠수부

햇살이 흔들린다
원근법이 혼돈을 일으킨다
거기 앉아버린 것들의
속을 들여다 볼 수는 없을까
불안한 해조류가 시야를 가린다
ㅋ ㅋ
바다 밑은 정치판을 닮아버렸다
호흡을 조절하는 산소조절기가
지상의 엉뚱한
호통이 되어 숨통을 조인다
잠수부는 그 푸른 바다 밑을 포기한다

헛것을 찾아서

여태껏 나는 헛것을 찾으며 살았다
때로는 꼭두각시 노릇을 하며
무대 위에서 춤췄다
뜻 없는 박수에 우쭐거리며
벅수를 넘었다가 바닥에 뒹굴었다가
객석을 향해 거짓 웃음도 날렸다
관객들이 떠난 무대 위에 홀로 서서
문득 나를 되돌아본다
나는 어디에도 없다
욕망으로 고통 받는 맥베스의 사람
짙은 화장을 한 피에로만 서있다
아무것도 없어 허허한 곳에서는
보이지 않는 어둠이 서성거렸다

지헌芝軒 강 정 화

경북 포항 출생
1984~5년 월간 〈시문학〉 등단
시집 『우물에 관한 명상』 외 14권
이메일 : kjh4710@hanmail.net

〈시작노트〉

시는 나에게 구원이자 카타르시스다. 시 쓰기를 통해 살아온 날들을 되돌아보고 또 새날을 꿈꾼다. 늘 생각의 깊이를 채우려 뜬눈으로 날을 새는 노력을 거듭한다. 나는 나의 시를 사랑과 그리움으로 직조된 소중한 인간관계로 여긴다. 많은 사람이 공감하는 좋은 시를 쓰려고 애써도 좀처럼 쓰이지 않는다. 언제쯤 좋은 시를 술술 써 내려갈지 난감하다. 마음이 맑아야 좋은 시가 탄생한다니 마음공부부터 해야 할까 보다.

팽이

명령을 거역하지 않는
충직한 사병처럼
맞아도 빗나가지 않고
제 방향으로
돌고 있는 옹골진 모습
때려도 울지 않는 채
차가운 빙판에서도
현란한 꿈을 그리며
지칠 줄 모르면서
돌고 도는 야무진 자세

치켜 올리는 회초리 끝
묻어나는 뜨거운 전율로
때리지 않아도
돌아갈 수 있는 날까지
멍들지 않고 참아낸 인내
얼음 위에서
몇 번씩 혼절하다가
스스로를 시험하여
설 수 있는 날까지
버티어나갈 것이다

아무래도 예사 넋이 아닌가보다

유월이면 다시 피는 꽃

그대 恨으로 졸아든 끓는 피
푸른 물이 뚝뚝 떨어지는
산천을 떠올리며
목메이게 엄니를 부르다
두 주먹 불끈 쥔 손으로
방아쇠 당긴 일그러진 분노
흘러간 세월에 숨죽인 넋
아무도 기억하지 않는
피멍울 든 들녘에
해마다 지천으로 꽃덤불 이룬다

그대 찾아 헤매던 평화의 땅
금이 간 녹슨 칼자루 박힌
단단한 지층 이룬 여기
뉘라서 잊은 건가
부둥켜안고 부르던 '자유'라는 낱말
허공 중에 산화했어도
아직도 빛나는 별빛은 숲속에 내리고
세월 거슬러가는 노젓는 소리 따라
그날의 언약이 화상 자국되어
오늘도 꽃덤불로 선명히 타오른다

숲속으로 가리

키 자랑하는 빌딩에 가려
햇볕 들지 않는 그늘
버려진 돌멩이처럼 살다가
흐린날 울적한 마음으로
키 작은 이끼들도
푸른 빛 돋구어가며 사는
숲속으로 가리

가슴 헤집은 산바람에도
여린 풀잎 끼리끼리 살부비며
발돋움하지 않는 낮은 소리로
서로의 허물 들추지 않으려
도란도란 부추김으로 사는
숲속으로 가리

머리 끝으로 오르는 욕망일랑
시냇물 소리에 씻어내리고
고운 메아리 자장가 삼아
바람 부는 대로 흔들리다가
비 오면 알몸으로 비 맞아가며
어울렁더울렁 푸르게 사는
산식구 사는 숲속으로 가리

섬 꽃으로

먼 나라에서
땅 위에 흔들리는 섬 되어
행여 외로움 탈까
수시로 찾아와 피는 꽃
달 가고 해 가도록
“잘 할 수 있어요”
생시보다 더 그윽하게
다독거려 주는
사랑 섬에 피는 꽃
기죽지 말라며 툭툭 핀다

섬 바람으로

울타리 없이 드나드는
고운 바람 기다리는 날
그림자 없는 바람으로
내 마음 속 드나들며
꺼지는 불씨 보살피듯
묵언의 음성으로 일깨우듯
섬 속에 뿌리내린 바람
해 가고 봄 돌아오며
향그런 그리움 싣고
바람 일으키며 오는 넋이여

추강秋江 이 몽 희

경남 고성 출생
1986년 월간 〈시문학〉 등단
시집 『달빛의 소리』 외
전) 부산경상대학교 교수
이메일 : mong310@hanmail.net

〈시작노트〉

시는 나에게 따뜻한 말 한마디 건넨 적 없지만 슬쩍 눈짓이라도 주기를 기다리는 나의 짝사랑은 끝날 날이 없을 것 같다.

폐지 버리는 날

그날이 오면
내 안의 오랜 그리움들이
들썩이고 일어나 가슴 벽을 친다

무수히 썼다가
도로 가슴속에 집어넣고 돌로 눌러놓아
폐지가 된 사연들

저 창공을 한번에 날아 올라
그의 뜰에 꽃잎 되어
떨어지고 싶은 것이다

별을 세는 사람

검은 밤 하늘을 가리키며
저기에 별이 있느냐고 묻는 아이에게
거기에 별이 없다고
나는 말하지 못한다

별이 왜 안 보이느냐 묻는 아이에게
사람의 가슴속 별이
다 떠났기 때문이라고
나는 답하지 못한다

별이 언제 다시 오느냐 묻는 아이에게
밤 하늘의 별을 세는 사람이
밤에 문 걸고 돈 세는 사람보다
더 많아지면 별이 다시 올 것이라
나는 대답하지 못한다

피다 그리고 지다

웃음이 피고 살림이 피고 사랑이 피고
이 여러 피움에 담긴
설렘과 우쭐거림이 모여 꽃은 핀다

해가 지고 낙엽이 지고 숨이 지고
이 여러 지움에 실린
비애와 아쉬움 함께 꽃은 진다

어느 날부터 사랑이 피지 않고
웃음이 벙글지 않으면
어느 날부터 해가 지지 않고
낙엽 또한 지지 않는다면

꽃이 어찌 저 혼자 피고
저 혼자 질 수 있을까
무섭고 외로운 이 세상에서

꽃 한 송이 지는 밤에
얼마나 많은 별이 떨어지는지
우리는 다 알지 못한다

미래

그를 사랑하거든
그의 미래가 되라
가슴은 언제나
미래를 향해 뜨거워지고
눈도 시선 끝의 미래를 볼 때
타오르나니

멈추지 말고 앞서 가라
너를 만난 자리에 그가
기념비를 세우지 않게 하라

그의 모든 아침이
너를 찾아 길 떠나는
출발점이 되게 하라

비움

비우니까 그래서 버려지니까
그립던 자유가 찾아오네요
차에 치여도 죽지 않아요
꽃 옆에서 쉬면 내가
꽃이었던 시절이 떠오르고요
바람 타고 하늘로 오르면
신의 소리를 듣기도 하지요

나를 천대하고 구박한 땅이
내 어머니였다는 것을
그것이 사랑이었다는 것을
이젠 알아요

저 하늘이 한없이 그립지만
살아서는 갈 수 없다는 것을
어머니인 땅으로 돌아가면
그 품이 곧 하늘로 통한다는 것을
어렴풋이 알 것 같아요

나는 비닐봉지예요

걸레 같은

무엇이든 이 말 뒤에 갖다놓으면
걸레가 된다
걸레 같은 인간, 걸레 같은 세상
이렇게 걸레에다 죄를 씌워
사막으로 내쫓고 나면
응어리가 조금 풀리기도 한다, 그러나

걸레 같은 하늘은
비를 내려 세상을 씻고
걸레 같은 땅은
꽃을 피워 세상을 단장하고
걸레 같은 인간은 스스로 걸레가 되어
세상을 닦고

그 자리에 신전을 세우고
촛불을 켠다

연담蓮譚 탁 영 완

경남 진주 출생

1986년 월간 〈시문학〉 추천 완료 등단

시집 『바다 탯줄을 당기다』 외 13권

중등교직 정년 퇴직

현대시인협회상, 부산시인협회상 본상 수상

이메일 : tak2158@hanmail.net

〈시작노트〉

늙지 않는 바다

가슴이 답답하고 詩도 출구를 못 찾아 안으로 갇혀있을 때 한 번뿐인 내 인생을 내 맘대로 헤쳐보자. 12월 초, 어렵다는 방역 절차 거치고 거치고 거치고, 비로소 공항을 통과 미국행 비행기를 탔다.

아이들을 만나 2021년 한 해를 잘 보내고 2022년 새해도 맞았다.

100일간 다른 세상을 심호흡하고 걷고 여행하며 매일매일 해빙(having)의 행복을 누렸다. 두근두근, 생명과 세상에 대한 사랑으로 쉴 새 없이 움직이는 감각의 세포를 깨웠다. 어린나무가 제 손을 당겨 올리는 힘, 매 순간 자획을 긋지 않는 코발트 시간의 손풍금 소리를 들었다.

3년 전 '해인의 창'을 열던 표지화가 어린 강희(아이린 6살)는 이제 9살. 꼬마숙녀로 더 성숙한 앞 표지그림 〈늙지 않는 바다〉와 뒷표지를 그리고, 애기 한비(아멜리아 2살)가 5살, 놀라운 디테일의 드로잉 작가로 속표지 그림과 이야기가 있는 모든 삽화를 귀한 선물로 안겨 주었다.

편안함을 걷어차고 있는 저 힘찬 새끼고래의 발길질, 그 파동으로 출렁이는 파편의 언어로 나는 늙을 수 없는 바다이다. 다시 너희들을 통해 막막했던 팬데믹 지구를 그나마 보상받고 내가 사랑하는 힘든 당신들께도 시를 통해 토닥토닥 위로해드리고 싶다.

생명의 근원을 줌 렌즈를 당기듯 인연 가까이서 자연의 시원을 찾아보는 『바다의 탯줄을 당기다』, 13번째 시집을 엮는다.

2022년 여름, 연담 탁영완

레몬이 자라는 집

집 현관 앞 벽을 붙들고 손 뻗어 자란다
차고 앞에도 주렁주렁 황금 복주머니 매달려 있는 집
여자아이 둘 닮아 팔랑팔랑 심장 쉴 새 없이 뛰고
샛노란 꿈 시고 단 집을 쌓는다
말캉말캉 잡은 손으로 왈츠 리듬의 물결이 일고
신나게 노래를 불러 잠든 공주 깨우는 집
매일 벌새와 다람쥐 들락이고 날개와 꼬리를 치켜 춤을 춘다
침이 고이는 입안 혈관을 바삐 돌아 정원으로 나서는 햇살
금귤 오렌지 레몬 눈에 밟혀 해님도 미적미적
참 떠나기 힘든 레몬트리가 자라는 집

반얀트리*

인도 한적한 거리 산발로 자연을 걸치고 사는 사람을 본 적 있었다
살갗과 흡사한 누더기 요동도 없던 눈빛만 번득이던 그 흙빛 나무 한 그루

하와이 벵갈 보리수나무 늘어뜨린 숱한 가지가 거리 수행 현자의 모습과 닮았다
작열하는 태양 척박한 환경에 살아남기 위해 지혜를 발휘하는 한 그루 울창한 숲, 반얀트리

토양이 얇아 뿌리 내릴 수 없고 나무가 흔들려 높게 자랄 수 없어 살아내기 위한
고행의 방법이 대승의 실현인가 울울창창하다 인간 아름으로 폭을 헤아릴 수 없다
본래 갖추고 있는 위대한 지혜에 이르는 반야(Banya)에서 딴 반얀트리

가지가 땅으로 다시 내려와 다시 흙을 움켜쥐고 뿌리를 내려 세상을 움켜쥐는
하나의 나무가 마치 여러 나무가 한데 자라는 숲처럼 거대한 그늘을 짓고 있다
다시 땅으로 낮아져 무거워진 머리를 내리고 마무리 생을 심는 신비한 성자의 속성을 터득,
태양 가까이 도전한 열대지역에 절실한 그늘로 중생에

보시하는 생존은 위대했다

생각의 가지가 뻗어 나간다
생각의 넓이와 깊이가 남다른 나무, 지혜로운 와이키키 해변의 거대한 위용은
제 몸조차 짐으로 끌고 다니는 인간 가녀린 의지를 불러 세운다
마우이 여행 중 무수한 사람을 무릎 꿇리는 하와이 최고의 멋진 생
미동도 없이 허물 다 가리고 가슴마다 머물러 출렁인다

기세 등등한 열대 화려한 치마를 걸친 꽃들의 유혹 향내 진동하는 관능적 본능도
이 앞에선 뚝뚝 떨구어지는 생색, 내일 모레면 시들고 만다
한 생을 뒹굴다 방랑하다 지친 바람조차 죽은 뿌리인가 생사 초월한 가지인가
푸른 잎 다시 생명인가 갸우뚱 돌아와 떠날 생각도 놓고 한나절 쉬는 자리

* 세계 곳곳에서 최고급 호텔, 리조트 사업체 이름으로도 차용. 더운 열대 곳곳 그늘을 제공, 세계 곳곳에 뿌리(점포) 내리고 그늘(휴식) 제공하는 현대의 호텔업과 맞춤이긴 하다.

사로잡히다

매일 꼭 붙드는 보들한 하트 마술의 손
한 달 전부터 보름 전부터
큰 붓 코발트 칠만으로 걸작 하늘,
밥 말아 마시고 싶은 공기,
가슴 부신 햇살,
하느님 발 디딘 평화와 고요,
다 가진 해빙having의 손 어찌 떨칠지
두 달 만에 사로잡히고 말았다

챔피언

집을 나서 오른쪽 주택가 애플그린
다시 왼쪽 길을 꺾으면 챔피언
챔피언 길을 자동차 아닌 자전거 페달을 밟고
삶의 기울기만큼 구부린 어깨
굳어진 가장의 귀갑이 얹힌다
다시 신호를 건너고 인생을 달리면
어느새 막바지 빨리 지는 해 등 뒤에 올라타
짐 부리고 내려놓아도 기운 어깨
이전대로 돌아오지 않는다
그늘 길게 늘어진 가로수 사이로
뒷모습 함께 저물어
정맥 붉어진 종아리 부은 다리 뻗어
불콰한 숨 고르고 있는 길
빛바랜 점퍼 성실의 소매 깃
책임의 허리띠를 풀고 나면
갑자기 할 일 없이 후줄근해진 남자의 길
굵은 허리춤 당당한 이 길 위에
아버지란 챔피언 벨트를 채워 드리자

크리스탈 코브 주립공원

흰 구름 푸른 캔버스 위에 궁글다가 피다가
햇살은 하늘을 쨍그랑 깨고 바다에 크리스탈로 쏟아진다
태초의 모습 그대로 남겨놓은 크리스탈 코브 주립공원
화장실 외엔 인공의 건물 하나 허락 않는 사막풀 초원
사람 모습조차 낙타처럼 가물거리며 시야에서 멀다
원시의 고고한 비탈 아래 태고에서 밀려온 바다 모래 언덕
연거푸 쏟아지는 크리스탈 지문을 건져올리고 있는 흰 쉬폰 자락
목에 두른 붉은 스카프가 무색해 풀려 버린다
푸른 아이와 흰 물새의 뜀박질이 바다 탯줄을 당겨놓고
해꼬지 모르는 감각의 겨울바람 목을 감는다
얼마 만인가, 지구 한 켠 천연의 얼굴 가다 서다
뒤돌아 나오는 등 뒤에다 눈 하나 매달고
나대는 심장은 그냥 그곳 파도에 얹어 내버려 둔다

하원河苑 조 민 자

경남 하동 출생
1994년 월간 〈시문학〉 등단
시집 『잎새와 뿌리는 서로 그리워하고』 외 3권
이메일 : chominja7@hanmail.net

〈시작노트〉

지혜의 바다에 와 있다.

지혜의 바다는 김해에서 가장 큰 도서관이다.

세상의 지식이란 지식은 여기에 다 모여 있는 것 같다.

점심을 일찍 먹고 이곳에 와서 책을 읽고 있으면 불타는 여름은 저만치 달아난다는 지금은 팔월 중순, 시문학시인회도 방학 중이다.

덥다 덥다 해도 곧 이 무더운 여름도 가겠지.

어느 날 나의 연인 같은 가을이 문득 내 앞에 서 있을 것이다.

'가을을 기다리는 여인', 오늘 내가 나에게 붙여준 이름이다.

게발 선인장꽃

아유, 깜짝이야!
동서 집에 놀러 갔다가
괴발개발 뻗어 나온
손가락 마디만한 게발 순을
서너 개 얻어와 작은 화분에 심었는데
오늘 아침 너무나도 예쁜 분홍 꽃이 피었다
그 옆에도 서너 개나 더
꽃망울들이 올망졸망 맺혀 있다
놀라워라
뿌리도 없는 걸 심었는데
언제 뿌리가 내린 걸까
오늘이 소한이라는데
모든 꽃이 다 져버린 한겨울에
물만 한 모금씩 먹고 자라서
저렇게 예쁘고 귀여운 꽃을 피워냈구나
생명의 신비에 감동하는 어느 겨울 아침

달개비꽃

외로운 추억
짧은 즐거움이란
꽃말을 갖고 있는 꽃
자줏빛 잎새 사이로
여리고 작은 연보라
꽃이 피었다
너무나 작은 꽃이 힘들까 봐
도톰한 잎새 두 장이
꽃송이를 받쳐들고 있네
꽃을 피우기 위해 줄기는
고개를 쑤욱 뻗어
무성한 잎새들과 거리를 둔다
누구를 기다리는 걸까
줄기에 의지해 한 뼘이나 높이 올라가
창밖을 내다보고 있는
신비한 보랏빛의
저 자주 달개비꽃
너의 이름을 쓸쓸한 기다림이라고
나는 표현해 본다

손님

친구를 기다리는 오후 2시의 카페
친구보다 먼저 시 한 줄이 온다
입성도 제대로 갖춰 입지 못한
부끄러운 내 반라의 시
만난 지 몇십 년이 되었지만
언제나 데면데면한 그와 나
서로 잘 통할 것 같기도 한데
매몰차게 등 돌리는 시에게
나도 별로 아는 체하지 않는다
이렇게 조용한 시간
그가 나를 찾아오기까지는
그런데 왠지 오늘은
우리 서로 좀 통할 것 같지 않니? 시야!

은총

이른 봄이면
산수유 개나리 홍매화
선물처럼 보내주시고
오월이면 줄장미 수천 송이
내 시골집 담장 위에
피워주시는 분
기도할 때 오셔서
우는 나를 바라보시며
눈물을 닦아주시는 분
젖먹이는 어미가
그 자식을 잊어버릴지라도
나는 너를 잊지 않는다고
너를 내 손바닥에 새겼다고
너의 머리칼 한 올까지도
내가 다 세고 있다고
성경에 편지 해주신
하늘에 계신 우리 아버지

이사

아이들이 성장해
제 짝을 찾아
모두 이 집을 떠났다
피아노 위 학사모 쓰고
화사하게 웃고 있는
대학 졸업 사진만 남겨 놓은 채
어느새 손주가 대학을 다니는 나이
딸이 오십이 다 되었는데
액자 속의 모습은
아직도 풋풋한 이십 대 초반이다
집을 짓고 이곳에서 35년을 살았다
이사를 가기 위해 그 많은 책과 옷과 가구들은 모두 정리했는데
아이들의 어린 날 모습이 찍혀 있는 두꺼운 앨범과
대학 졸업 사진은
먼지를 잘 닦아 소중하게
챙겨 놓고 있다
젊은 시절 자랑스럽게 수상했던 상패며 상장도 다 버리면서…
그 어떤 훈장보다 나에게 더 가치 있는 내 자식들의
성장 기록

백 영 희

경남 삼랑진 출생

1994년 월간 〈시문학〉 등단

시집 『8병동의 똥방』 외 4권

현대문인협회 이사

부산문학상 대상 등 수상

이메일 : mearibyh@hanmail.net

〈시작노트〉

노을이 진다.
지팡이 부딪치는 소리 요란하다.
어둠이 돌아왔다.
손에 잡히는 것은 먼지였다.
칼이 나무에 기쁨을 조각하는 소리, 떠도는 시간을 모아 화관을 만든다.
레몬 맛의 꿈이 침샘에 녹아 말라버린 목을 축인다.

국제시장

비트 소리가 사는 국제시장
살비늘이 눌어붙은 헌 옷
대한해협을 건너 구제 상가로 왔다
살갗의 껍질에 짓눌린 두 평에
시퍼런 칼날을 세우고
자갈치 앞바다에 업혀
고래 심줄로 여자는 당당하다
하루라도 그 길을 가지 않으면
남겨진 두 딸과 삼팔선을 넘은 어머니의 등을
어디에 눕힐 것인가
불빛과 형형색색의 옷들이 즐비한
남포동을 지나 사십 년의 기억을 타고
밥이 그려진 골목을 걷는다
눈꺼풀이 떨리는 밤
어둠 속을 쏴 한 생의 비릿함을 끌고
눈과 귀를 닫고
자갈치 포장마차의 잔 소주와
바람을 마주한다

정동진

새벽차가 토해낸 사투리
붉은 해가 건진 하루가
큰소리로 웃는다
발가락 사이로 끼어든 모래
손가락을 뻗어 그림을 그리며
인연을 만든다
바다는 조각난 뇌세포를 기워
큰 바위에 새로운 생을 그린다
각막과 아픔 사이로 들어온 빛
하얗게 어둠을 지우고
정동진 이름마저 지운다
여자는 하얀 머리카락을 휘날리며
해에서 뽑은 붉은 인연을
보랏빛 모래로 투명의 비밀 상자에
모래시계로 가둔다
파도로 부서진 햇살을 건져
마음에 심는다
여자의 시간은 알맹이로 동굴에 산다

구월

구월의 태풍이 운명의 초록을
또다시 흔들었다
생이 하얗게 엉킨 머리를 풀었고
바람이 눈앞의 안개를 밀어
빛이 거미줄 사이로 반짝였다
금강경이 던져준
생명을 이어주는 알약을 삼킨다
덤으로 준 삼십 년이
시든 풀잎으로 내내 아픔에 흔들리며
가을의 색깔로 걷고 있다
뇌를 쪼아먹는 기계음에서
사랑한다는 핸드폰 문자들이 쏟아져
땅에 뒹구는 여자의 마음 녹아내린다
새벽달에
여자의 전생이 푸르게 걸려있다

섬망

사전에서 섬망이라는 단어를 찾는다
의식이 혼미한 며칠
죽음의 문을 밀고 들어선 동굴
무취 무색 무반응 무감각을 꼬챙이에 끼웠다
눈 감으면 꿈이 진짜이고 현실이 꿈이 되는
파노라마로 펼쳐진 영상들
친구가 홍수에 실종되자
여자는 꿈속을 헤맸다
밤이면 강가를 찾아 이름을 부르며
입술이 파랗게 변해
물속 마을을 만들었다
어깨에 산을 지고 다닌 두려움의 시간
세월이 가져온 고혈압에
머리가 띵 하자
약물로 마음은 차가워진다
여자의 상상이었다

성산成山 한 경 동

경남 고성 출생
1995년 월간 〈시문학〉 등단
시집 『과일의 꿈』 외 5권
부산내성고, 동래고 교장 역임
부산교육상 등 수상
이메일 : hankd6521@hanmail.net

〈시작노트〉

햇빛이나 달빛에 반사되는 윤슬을 생각한다.

거세게 몰아치는 대하나 격랑은 아무래도 소설의 분위기이지만 잔잔한 물결은 시를 연상한다. 격정적인 시가 왜 없을까마는 서정시는 시의 주류이다. 사람과 사물을, 아니면 또 다른 나를 만나는 글의 통로에는 시가 있다.

부산시문학시인회가 발족한 지 30년이 되었는데 나는 지금 어디 있는가? 한 세대가 지나갔는데도 자작시 5편을 내면 또 한 해가 훌쩍 지나간다.

코로나 사태 이후 모임에도 거의 못 나간 셈이니까 좋은 말로 은일隱逸이다. 그렇게 산수傘壽를 맞이하고 봄 여름 가을 겨울을 지나고 보니 내가 어디에 와 있는지 모르겠다. 그렇다. 이제 일어나자. 울먹이고 싶을 때 울고, 웃고 싶을 때 껄껄껄 웃으며 살자. 그것이 사는 것이다. 시는 살아있을 때 맑고 밝게 출렁인다. 그대 아직 청춘이네. 좋은 시가 나를 다시 부른다.

영도다리

봉래산 줄기줄기 한 잎 두 잎 단풍이 들면 청무우 이파리 같은 파도가 온몸을 에워싸는 해질녘 산복도로 굽이굽이 휘돌아가는 버스를 갈아타고 울면서 왔다가 울면서 간다는 절영도 섬이면서 섬 아닌 듯한 섬으로 와보게

햇살이 뉘엿뉘엿 바다 속으로 잠기면 허름한 목의자에 걸터앉아 갓 물질한 소라 전복 두어 접시 넉넉하게 시켜놓고 대선소주 몇 잔에 덩달아 해녀들 숨비소리에 때맞추어 구성진 목소리로 굳세어라 금순아* 노랫가락 목청껏 불러도 좋을 듯 아직은 막차가 턱을 괴고 기다리고 있는 가을밤

뎅 뎅 뎅 청동빛 경적을 울리며 전차를 타고 때맞춰 들고 내리던 영도다리 지나갈 때 멀리 가까이 산중턱까지 기어오른 판잣집에 삼십 촉짜리 백열등이 켜지고 늦은 저녁을 드시는 아버지의 시큼한 땀 냄새, 내일은 밝은 해가 뜨리라 파랑새** 궐연 한 대 뽑아 물고 성냥불을 그어대면 그믐밤보다 캄캄한 앞날이 환해질까 두고 온 고향 땅 휘날리는* 눈보라도 그칠까

섬만 섬이 아닌 세상살이 다리는 새로 놓아 옛날처럼 들고 내리건만 전설이 되어버린 전차는 어디서 길을 잃었는지 추억을 싣고 나르던 무심한 영도다리 이제는 그 언저리 그 마음만 남아 영도다리 난간 위에 초승달만 외로이 뜨는데* 나그네 허전한 그림자만 갯바람에 머리카락 날리며 외로이 섰네

* 영도 출신 가수 현인의 노래 '굳세어라 금순아'에서 따옴

** 옛날의 담배 이름, 품질이 안 좋았음

모란·2

그녀를 알기까지
시간은 내편이 아니었다
차 한 잔의 고요와
술 석 잔의 흥분과
그믐밤보다 더 캄캄한 기다림
꽃이 피기도 전에 달뜨는 가슴을 안고
닿을 듯 말 듯
달금하던 입술의 감촉
한 번쯤 미쳐도 좋았으련만
그 사이 벌써 꽃이 지고 있었다

짝

수저통에 젓가락이 한가득
짝을 맞추어야 제 짝이다

오랜 만에 거울을 들여다보니
내 눈과 귀가 짝짝이다

친구들끼리 술잔을 부딪히며 위하여!
짝짝짝 박수소리가 요란하다

오늘까지 단짝이었다가
내일 딴 짝이 될지 모르는 사람의 마음
그래도 돌아선 당신이 그립다

외짝 눈보다 짝짝이 눈
외톨이보다는 동행이 훨씬 아름답다

거울

하루에도 몇 번이고
내 앞에서 나를
가장 진지하게 만들고
때로는 구석구석 보살펴주더니
언제부턴가
짜증과 한숨이 뒤섞인 버전으로
번번이 나를 실망시키는
둘이면서 하나 같은
하나이면서 둘 같은
당신은 나의 무엇입니까

아름다운 말

국어사전에서 〈개〉자 붙는 낱말을 찾아보면
개나리 개살구 개머루 개여뀌.......
열손가락 세 번은 꼽아야 헬 수 있다
연탄재보다 개밥그릇 차는 버릇 먼저였고
복날 개 패듯이 한다는 말 예사로 했다
하지만 개처럼 벌어서 정승처럼 쓰고
개 팔자 상팔자라는 오랜 비유법이
지금에 와서 더더욱 헛말 아님을 아는 사람 안다
웃니 빠진 개호주 새미 가에 가지 마라*
해찰궂은 유년의 기억이 입가에 맴도는데
참꽃 다음에 피는 개꽃이 철쭉인 줄을
한라산 지리산 철쭉제 다 가보고도 잘 모른다
개나발 개망나니 개수작 개지랄......
온갖 잡스런 말 아예 입에 담지 말아야겠지만
개똥벌레 개똥참외는 얼마나 정겨운가
또 있지 있고 말고, 저녁밥 먹고 놀러 나온
아름다워라 개밥바라기
보석보다 더 빛나는 우리별 이름

* 어린이가 젖니 갈았을 때 놀리는 말

송인필

부산 출생
1995년 월간 〈시문학〉 등단
시집 『비밀은 바닥에 있다』 외
이메일 : ips3300@naver.com

〈시작노트〉

수없이 많은 시간들과 만나고 헤어지면서 부르튼 발자국이 오늘도 탐색의 길을 나선다.

언제나 그렇듯 시의 선물은, 시간의 궤적에서 얻는 삶에 대한 통찰임을 다시 새긴다.

신기하다. 시와 함께 온 단편의 길들이 모두 윤기로 반짝이는 코르도바였다.

고흐 이미지·4

새벽 가래 끓듯 노을이 핀다
저 터지는 기침 속

발을 모으고 쪼그려
칼잠 든 노인

날카로운 얼음이 살고 있는 지하도 구석이
가까스로 눈을 감는다

새벽 바닥은 냉정하게 두꺼워진다

햇빛이 들지 않는 쪽으로만 피어나는 밥
배고픈 쪽으로만 돌아눕는 밥맛이
바닥이 얼마나 날카롭고 예민한지
기다림의 등이 얼마나 아둔하고 무거운지

모르지?

지하철 끊긴 쪽으로만 외눈이 쏠려
안으로만 캄캄해지는 노인의 바닥
꿈 속 저녁 바다를 걷고 있다

고흐 이미지·5

꿈마다
반달을 그렸다
반달을 잡아 당기면
닳은 손톱이 보였다
보리암 산길 산벚나무 곁에서
종일 마늘밭을 파던 손톱

손톱에서 빠져나온 반달은
맵고 아린 마늘로 태어났다
뿌리끼리 꽉 잡고 엮인
알토란 같은 새끼들
대를 이어 고리로 엮여 있다

손톱 속에서 태어난 반달은
맵고 알싸하다

반달은
국화꽃잎 한 장 속으로 들어갔다
국화꽃 한 잎은 반달마늘 한 쪽

이 세상 가장 매운 마늘
이 세상 가장 아린 반달

눈물고리 매듭으로 주렁주렁 엮여 만장을 흔든다
남해군 남면 다랭이 밭길을 마지막으로 둘러본다

잘 가시게
반달을 키우던 시퍼런 겨울 수의가
마늘 단을 묶는 그녀의 손톱을
따뜻이 덮는다

고흐 이미지·6

무슨 울음이
마당에 금싸라기로 쌓이노

이 한 철
한 번 살아
천 번 죽고 싶은 마음으로

방울벌레도 차르르르 가을밤을 치며 운다

고흐 이미지·8

- 꽃무릇

임진성을 돌아 아득히
남해 가을 철새의 울음소리로
꽃이 꾸는 밤꿈은 멀고 깊다

걸어도 걸어도 허공을 젓는 두 발이
용문사 뒤뜰 차밭을 오른다

바랑을 메고
하냥 산길에 사막을 짓고 싶은 꽃

쓰윽 날아온 가난한 이름 한 장
비틀, 적막의 무게로 목숨을 산다

붉게 울어도 이별을 헤엄쳐야만 하는 파랑의 날들이
눈을 감을 때마다 뿌옇게 안개로 피어

꽃은 벌 받는 아이처럼
이름 하나 꼭꼭 외우며 종일 산길에 서 있다

장강長江 배 기 환

경남 하동 출생
1997년 월간 〈시문학〉 등단
시집 『전생을 굽다』 등 다수
부산문인협회 시분과위원장 역임
한국해양문학상 대상 등 수상
이메일 : kj3870@hanmail.net

〈시작노트〉

국제 질병 분류표에도 검색되지 않는다는 전대미문의 역질이 세상을 잔뜩 긴장시키며 전 인류에 공포의 적이 되었다. 잘 견뎌왔다 생각했는데 끝물에 나도 그만 그의 공격을 받고 말았다. 오미크론 잠복기인 약 2주 동안 정말 고통스러웠다.

그래도 현대 의약은 그의 만행을 용서하지 않고 패싱하였으니 불행 중 다행이 아닐 수 없다.

부산을 테마로 한 詩·1

- 오륙도

석양의 발목을 붙들고 표류하는 섬

대리석처럼 단단하기로 소문난 석 씨 가문의 건장한 아들로 태어난 그들의 고향은 원래 심산유곡 오지마을이었다

바다를 무척 동경하였지

시생대 어느 날 형은 철없는 다섯 동생을 데리고 꿈에서나 그리던 바다로 무작정 가출하고 말았어

고향 떠난 여섯 형제들,

격랑 속의 바다를 즐기며 때로는 이복동생을 물길 속에 감추기도 하고, 들고 나는 배들의 등불 되어 물속에 꾹꾹 눌러앉은 지도 벌써 수백 세기, 파도는 끝내 그들을 물속에 가둬놓고 고향으로 가는 길을 지워버리고 말았어

비록 지금은 다시 귀향할 수 없는 물 위에 뜬 부표 신세로 파도의 엉덩이만 어루만지며 바다로 살아가지만 한 때는 그들에게도 돌아갈 고향이 있었어

부산을 테마로 한 詩·2
- 자갈치

자갈이 많아 자갈치라고 했단다

삶이 곤고하고 권태기가 올 때마다 그곳에 나가 도마 위에 싱싱한 파도 한 접시 모둠회로 썰어 놓고 짭짤한 바다 냄새 좀 맡아보자

지친 삶 소주잔으로 달래는 사람들의 틈 속에 일희일비一喜一悲하며 질긴 고래 고기 씹듯 격의 없이 세상 잡사 쫄깃쫄깃 씹어보자

한때 풍어의 전성기 누리며 배불리 고기 퍼 담던 저 목제 고기상자들은 백주 대낮에 무슨 시위라도 하려는 것일까

아니면 일광욕을 즐기려는 것일까

일제히 어류 창고 앞마당에 나앉아 있다

깊은 삼림 속의 홍송紅松으로 태어나 고대광실 기둥이 되거나 어느 암자의 대들보나 서까래가 되었더라면 지금쯤 아름다운 단청 곱게 차려입고 경배받으며 살고 있을 터인데 어쩌다 날카로운 꼬리와 지느러미에 몸 베이며 거친 파도 타고 살아야 하는 천한 신분이 되고 말았을까 하긴 허구한 날 파도처럼 바다 떠돌며 비릿한 짠물에 삶을 절이며 그물이나 던지고 사는 어부 신세 또한 저들과 무엇이 다르랴

흉어를 만난 고기 상자들이 이제 심한 궁기 견디다 못해 바닷가에 나앉아 시위라도 벌일 모양이구나

부산을 테마로 한 詩·3
- 범어사

금정산 도솔천 시계視界는 지금 쾌청하다
명부전 앞 모과나무 가지 위에 걸려있는 시린 마음 하나가 속살을 드러내고 햇볕을 쪼이고 있다

함박눈에 펑펑 웃어주던 계절은 맵싸한 바람을 헤집고 아지랑이를 슬슬 피우며 드디어 굳게 닫아둔 산문을 연다

두꺼운 외투의 단추 풀어놓는 계곡에서 동안거 중이던 자목련 그 두툼한 입술을 열기 시작하고

일찍이 고해와도 같은 속세 버리고 목어의 노랫소리 찾아 산문에 들었을 어느 승려의 부도탑 위에 다람쥐 한 마리 햇살을 입에 물고 산을 요리조리 돌리며 재롱을 부린다

부산을 테마로 한 詩·4
- 유엔 평화공원

하얀 카네이션과 국화꽃이 수시로 혁명을 꿈꾸는 유엔 평화공원 목제 의자 위에 구릿빛 철모를 눌러쓴 1950년 6월이 버티고 앉아있습니다

첩첩한 산등성이 굽이굽이 골짝마다 지난至難했던 한 역사의 현장에서 한때나마 원한과 저주의 피로 물든 누더기처럼 찢긴 전투복을 입고 미아로 남아 제 갈 길을 제대로 찾지 못한 가엾은 영령들이 바람 속으로 들려오는 희미한 포성 소리를 들으며 군번줄을 흔들고 있습니다

결국 살아서는 돌아가지 못한 그들이 아물래야 아물 수 없는 상처 어루만지며 이 땅에 마음 붙이고 산 지도 벌써 반백년이 지났습니다

아직도 압박붕대를 풀지 못한 보훈병원 삐걱거리는 낡은 침대 위엔 그때 우리의 산과 강을 후벼 팠던 박격포가 팔과 다리에 링거를 꽂고 있겠지요

부산을 테마로 한 詩·5
- 해운대

질풍노도 잠재우고 방황의 닻 내리니 팔월 바다가 출렁거리고 있는 해안의 무대 서쪽으로 밤마다 욕망의 불꽃을 튀기는 거대한 대교가 달리고 있다

태평양을 건너 청사포 쪽에서 불어오는 바람은 포세이돈 신전 속에 새겨둔 파도의 알리바이를 하나하나 지우며 우람한 장산의 이목구비를 연다

장대한 물너울로 어둠을 박제하며 깊어가는 해운대 밤바다,

파랗게 피를 토하며 무한한 자유와 평등으로 밤새도록 웃다가 울어 줄 수도 있을까 밤이 차츰 깊어지고 바다와 하늘이 몸을 섞는다

해월정에서 바라보는 멀리 수평선 위에 발가벗고 매달려 있는 저기 저 둥실한 달은 도대체 누가 걸어둔 것일까

수촌壽村 장 동 범

경남 마산 출생
1999년 월간 〈시문학〉 등단
시집 『심심』(비매품) 외 6권
칠순 문집 『나절로 인생』, 칼럼집 『촌기자의 곧은소리』
KBS 울산방송국장, 부산외대·경성대 겸임 및 초빙교수 역임
이메일 : suchonjdb@naver.com

〈시작노트〉

침묵은 시가 아니다

어슬렁거리며 만난 사물이나 이미지를 즉각 드러내거나(즉물시) 만지작거리다 쌓인 것들이 있다. 대부분 낯 간지럽고 미완이다. 그래서 때 되면 숙제처럼 내야 하는 시업詩業이 괴롭기도 기껍기도 하다.

침묵은 시가 아니다. 그렇다고 다작을 흠모할 일도 아니다. 좋은 질료를 오래 걸러 빛나는 것으로 정제하는 광부의 전범은 요원한가?

"비록 시인이 그의 작품에서 드러내는 것보다 더 큰 깊이를 그의 내부에 가지고 있다고 하더라도, 그의 작품들이 그 예술가의 최선의 것이다. 그리고 그의 내부에 그대로 머물러 있을 뿐인 어떤 것, 그것이 시인 자신은 아니다."

– 헤겔(막스 피카르트의 『침묵의 세계』에서 재인용)

헤겔의 말처럼 내 안에 아직 드러나지 않고 머물러 있는 어떤 최상의 것이 있다면 드러내고자 당분간 채굴한 질료들을 계속 만지작거릴 것이다. 인생 최고의 시는 아직 쓰지 않았다는 전제 아래.

나그네

말복 지난 숲에 드니
매미들의 거대한 울음바다
아래로 고단한 몸 가라앉는다

여름 한철 치열하게 산
수선자修蟬子들의 회향廻向이
조금도 서럽지 않은데

잠시 머물다 가는
같은 나그네 등줄기에
서늘한 기운 흐른다

부재

- 치에코 회상*

한 늙은 남자가
난로 앞에서
나무 조각 다듬다 말했다
이 조각 어때?

주위에는 아무도 없었다

* 타카무라 코오타로(高村光太郎) 단편 智慧子抄

붓다와 茶

중생은
다만 입으로 마셔
줄고,

붓다는
빙그레 눈으로 마셔
줄어들 줄 모르네

산비둘기

산비둘기 구구구구
술꾼서방 일찍 가고
먼산에서 구구구구
외동아들 앞세우고
앞산에서 구구구구
내 혼자서 우째 살꼬
뒷산에도 구구구구
외로워서 못 살겠네
온산에서 구구구구

즉물시·8 오리나무

오리나무가 서 있다

오리五里 마다 심었다기에
눈여겨 보았는데

오리나무는
오리나무가 아니라
오리나무라 부를 뿐이라 한다

오리나무가 서 있다

피로사회*

일찍 일어나는 새가
더 피곤하다
-MZ 세대

내 힘들다 ↔ 다들 힘내
→ 다들 힘들다

* 한병철(재독 철학자) 저서

혜월당彗越堂 김 지 숙

부산 출생
2000년 월간 〈시문학〉 우수평론상 등단
시집 『무진장 봄날』 외 2권, 저서 평론 논문 다수
설송문학상 우수평론상 수상
혜월당 블로그 운영자 https://blog.naver.com/infano
이메일 : infano@hanmail.net

〈시작노트〉

시가 허다한 세상을 살아가지만 쓰기도 읽기도 쉽지 않는 것이 시이다. 어쩌다 인연이 닿아도 세상을 바라보는 시각에 따라 혹은 역량에 따라 천층만층 구만층인 것이 또한 시다. 시를 잘 쓰는 사람만 시를 쓰라는 법은 세상 어디에도 없다.

하지만 나는 시의 기준을 '진심'에 둔다. 진심이 없으면 마음이 가지 않는다. 진심인 사람, 진심이 담긴 시가 좋다. 그런 시를 쓰는 시인이 좋다. 시인이라면 최소한 그래야만 한다고 믿고 싶다. 나는 오늘, 그 진심이 그립다.

금낭화

오선지 위에 핀 꽃이
반그늘 올림표를 달았다
한낮의 시선을 찢고
선홍빛 자리에 앉은 오월

푸른 물독 남실대는
서운암 장독대 너머
발그레한 얼굴
양 갈래로 치켜 올린 머리카락

비단주머니 쌀긋대는
절집 앞마당 꽃불이 붙었다

일출 콘체르토

돛대처럼 부푼 오보에
짠내 나는 손가락 사이로
슬그머니 삐져나온 짧은 봄

은은하게 휘감다가
황홀하게 춤추다가
순하게 소리 지르며

하분하분 제 몸에서 굴러
나팔꽃이 된 둥근 이마

'나를 태운 재 그대 발아래 뿌리리라'

희말쑥 차려입은
고요하고 느린 손짓에
뒷굽 높은 음계가 흔들린다

군악대

손바닥만한 생이
일렬로 일어서고 앉고
무거운 소리로 키를 맞춘다

태평소, 날카로운 음의 춤사위
사물놀이 고백이 날카로운데
ㅡ자 대형으로 모서리 맞춘 하얀 건반
차란차란 각진 정갈함이 끄덕인다

다 자란 시계바늘
하나로 모였다가 다시 열을 만들고
가지런히 모인 □자 대형이 에워싸고
셋 잇단음표 다섯 잇단음표가 된다

소고잽이는 전립을 끄덕이며
진자와 채를 돌리는 상모짓에
○자 대형을 이루는 진陣
웅장한 움직임이 명창이다

웃자란 일요일이 하물댄다

시간의 주름

자오록한
인연을 누른다

문방구 앞에서
다정하게 손 내미는 어룽진 햇살
하굣길 오후는 내내 어질하다

어두운 만화방 문 열면
흰머리칼 풀어헤친 구름떼가
가을 하늘을 치고 오른다

낯익은 흑백 만화 속에서
흐르듯 흘러
시간의 마디를 주무르는 날

무시無時의 수다가
손톱 아래 크게 들었다

앙상블 알고리즘

느린 일상 한가운데서
비꽃 흩뿌리는 손풍금 소리

무음의 바람통에서
후덕한 몸짓이 요란하다

'라시미시레도'

덧줄 아래서 이탈한 음계가
들쑥날쑥 다 식은 딸림화음을 깨운다

흐믈대는 잎귀 앞에 모인
길게 머문 바람의 어깨능선

점점 빠르게 점점 세게
한 소절로 안에서 만난
우연들이 무성하다

이혜화

경남 진해 출신
2000년 월간 〈시문학〉 등단
시집 『열렬한 그대』
스프링 제조공장 운영
이메일 : vandy58@hanmail.net

〈시작노트〉

세상이 너무나 빠르게 굴러 간다.
자신 있던 민첩성과 빠른 걸음의
대처 능력을 커다란 옹벽이 가로막고 섰다.
돌아가야겠다. 그루터기라도 만나
앉아서 먼 산맥을 보며 쉬어가야 겠다.

인연

삼천 년을 살아 우담화* 꽃을
볼 것도 아니고
백 년이나 백이십 년이나 산다면
성주괴공**의 섭리를 거스리지 못해
공空이 눈앞이니 아무렴 백발쯤이야

인연이 깊어
뿌리와 나무
꽃과 열매
연리지나 비익조의 인연이라
숙연은 이승의 동아줄에 묶이어

혈연이 되고 권속이 되어
어우러져 더불어
한 마음으로 한 몸으로
가장 힘들어 가장家長이 되고
안으로 비추는 안의 해 - 아내로
한 집안 태양이 되었으니 백년해로 해야지

* 인도에서 삼천 년에 한번 씩 꽃이 핀다는 상상의 식물
** 이루어 살다 무너져 사라진다는 불교 우주 근본 원리

가을이 간다

꽃무릇 꽃 덤불
이파리 없이
깊은 뿌리에 어찌 할 수 없는
참 사랑
만날 수 없는 상사화

저리 핏빛으로 울다가
먼 하늘 당겨 놓고

그리움의 갈퀴로 허공을
헤엄쳐 간다

피안의
먼 그대 곁으로

가을이 간다

기원

- 同苦

교차로 한 가운데
이륜차 엎어져 있고
때 절은 운동화
한 짝은 여어기 한 짝은 저어기
먹먹한 가슴이 아려 온다
어느 집 귀한 아들 아니면
절대 기둥이 쓰러진 그 집

따뜻한 저녁, 귤빛 등 꺼지고
남루한 생계도 흔들려
끈끈한 혈육들의 비통한 근심은 어쩌나

한 줄기 희망아! 빛 내림으로 쏟아져
제발 무사하시고 소생하거라

독이면 변하여 약이 되거라
화라면 바뀌어 복이 되거라

알아차림의 법칙

뜨겁고 찬 것만 알 뿐
내리는 빗방울 수를 아는가
어느 산맥을 돌아서 왔는지
저 바람의 길을 아는가
디디면 한치 앞 여기가
허방인지 아닌지
알아차려 깨닫기까지
강산은 여섯 번이나 바뀌고
근심과 의심, 욕심도 더불어
집착을 불러오고
넘치고 과하면 되돌아
내 발 앞에 닿으니
어디쯤에서 다 내려놓고
훨훨 벗고 이승의 문 나서면
반가이 천불이 수수하여 도솔천에 오르려나

마음을 입금합니다

입 막으니
말 못하고
발 묶어
모이지 마시오
거리 두어
저 만큼 띄어 앉으시오
혼례 장례 제례, 문화 바뀌어
청첩장 부고장도
모바일 카톡새가 알려주고
마음 전하실 곳
은행 계좌번호로
보내 주시어요

마음이 입금되는 세상입니다

최 지 인

강원도 강릉 출생
2006년 월간 〈시문학〉 등단
시집 『오래된 약속』 『내가 사랑한 시간의 문턱』
이메일 : sangyeo65@hanmail.net

〈시작노트〉

다시 사랑하기

사는 일에
자주 걸려 넘어졌다

그리하여
한 줄도 너를 읽지 못했다
마음만 뻐근해져서
이러지도 저러지도 못하고
민낯을 감추기에 바빴다

다만,
매일 너의 체온을
애틋하게 안고 있었다는 거

헐거워지는 내 몸처럼
나목들이 친근하게 다가오는 계절이다

시, 다시 너와의 사랑을 꿈꾼다

가을 일기

예보도 없었는데
후두둑- 빗방울이 듣는다
엄마의 목숨 같은
장독대 뚜껑부터 닫고
멍석 가득 널어두었던 가을을
마루로 옮겼다
이미 고추처럼 익은 얼굴에
캅사이신이 마구 공격을 한다
덩달아 화끈해진 심보를 냉수로 달래는데
어라, 거짓말처럼 다시 해가 뜬다

가을볕 하루면
곳간에 쌓이는 양식이 다르다는데
아까운 햇살 놓칠까
세상 부지런한 사람이 되어
마당과 마루 사이를 다시 뜀박질했다
얼추 제 자리를 잡고 나니
벌써 해가 서쪽으로 한참 기울어졌다
금세 저녁인데
또 한 번의 남은 노동을 생각하니 미리
팔 다리 허리 안 아픈 데가 없다

바다로 살기

바다 끝에서
파도와 마주보고 섰다

모래에 스미다가
발밑까지 와서 스러지다가
신발을 절반 쯤 삼키다가
장난처럼 발목을 툭툭 치고 가더니
이내 바람의 근육을 싣고
내쳐 다시 와 무릎을 덮쳤다

몇 번은 뒷걸음질 치고
또 몇 번은 아이처럼 폴짝거리고 뛰어 넘다가
종내는 풀썩 뒤로 주저앉았다

밀물이었다가 썰물이었다가
온몸을 적셔가면서
수천수만 겹 파고를 넘는 일,
결국 살아가는 일인 것을

써레질

찔레꽃 덤불 한쪽
굽어있는 논둑길 아래
하늘을 품는 작업이 한창이다

논물을 잡아 땅을 불리고
위, 아래 양분을 뒤섞어
내일을 위한 흙 고르기를 한다

무두질한 논배미 가득
찔레꽃 향기 찰랑거리고
노을을 물고 온
왜가리 서너 마리
부지런히 봄을 파종하고 있다

농사짓는 일도 사람 일도
첫출발이 중요하다고
내일 첫 출근 앞둔 이장 댁 둘째 아드님
마루 위에 놓인 구두에 광채가 난다

파두

넘칠 듯 말 듯
파도를 담은
그녀의 검푸른 눈동자가 숙명을 노래한다
애절하게 혹은 격정적으로

동굴 속을 휘돌아 온 듯 깊은 울림이
그녀를 감싼 슬픔과 외로움을 지나
기타 반주를 따라 리스본의 밤을 덮는다

운명에 익숙해진다는 거
기다림의 등을 가슴 안에 켜둔다는 거
풍랑과 암초 사이에 하루치의 생을 걸어둔다는 거
낯선 땅에서의 향수로 눅눅해진다는 거
그럼에도 희망과 고통을 포개고 맞댄 채
저 밑바닥 절망까지 끌어올린다는 거
그 비껴갈 수 없는 음울한 사우다드가 나를 점령한다

늦은 가을 저녁,
뒷골목 작은 파두하우스에서
우연히 맞닥뜨린 삶의 원형
어둠 속에 번지는 파두의 파동을 따라 나는
아말리아 로드리게스의 숙명(Maldicao)속
파도가 되었다

추림秋霖

가을볕에 기대어
들녘을 바삐 오가시던 아버지
줄곧 이어진 장마 끝 냉해로
스무 마지기 논을 놓쳤다

궂은 일 매운 일
겪고 겪은 한 평생
사람은 끝이 좋아야 한다고
소주잔 끝에 불콰하게 달리던 추임새
옷깃 속으로 꺾이고

우두망찰
논머리에서 흠뻑,
등으로 우셨다

보상으로 받은 오래 묵은 정부미는
이러지도 저러지도 못해
신주처럼 모셔만 놓고
농자금 대출이자를 한숨으로 갚던
그 해

아버지의 등에
무겁게 고이던 삶의 비의悲意가
당신 만큼의 세월을 딛고 선 지금
쏟아지는 가을비 속에서 가슴을 친다

고 훈 실

제주 출생
2010년 월간 〈시문학〉 등단
시집 『3과 4』
모래톱문학상, 등대문학상 수상
이메일 : Kosu89@hanmail.net

〈시작노트〉

요즘 꽃차례 관찰에 푹 빠졌다.
취산화서는 그중 최고다.
적당히 어긋나며 편안한 거리감을 유지하는 꽃 나기
내 시에도 바람과 반항이 넘쳐나길.

화살나무 꽃은 벌써 졌고 사철나무 꽃도 그립다.

아름다운 시절

동백섬을 걸었다
무른 뿌리가 꽃길에 스미는 걸 본다

나무의 발소리가 지나간 자리
우리들의 벨 에포크
당신들의 벨 에포크

꽃을 매어 놓은 눈동자들
과부하처럼 붉어,

한 움큼의 비린내가 머리칼을 휘젓고

그새 따라 온 바다는
흰 마스크를 단단히 둘렀다
덮어야 할 이빨이 많은 해변

골 깊은 파흔이 자꾸 패였다

경로를 재탐색합니다

5백미터 앞 좌회전
경로를 이탈했습니다

발설된 낙오와 팽창한 두려움이 낙석처럼 뒹구는 도로
위험한 고집은 파지보다 구깃하다 흐르는 강물을 하늘로
떨어뜨린 새가 계기판에 산다

보이는 것을 위한 보이지 않는 중독
첫길이 길을 헤매고 멀리 녹나무 잎에 오렌지가 열린다
불안이 불안을 먹는 동안
머뭇거리다
직진하다
밖으로 이탈하는 바퀴

불행 1킬로미터 앞에서 유턴, 경로를 재탐색합니다

흡착률 좋은 의심의 뒷면을 말끔히 떼어내고
네비 속 여자가 침착하게 말한다

안과 밖을 지운 채 쏟아지는 3초
유턴 앞에서 빗금처럼 쏟아지는 충돌, 충돌들
여자의 편파성은 크랙에도 끄떡없는지

경로를 재탐색합니다 경로를 재, 탐, 색
줄줄 새는 목소리가 지뢰처럼 깔린다 새의 모가지가 덜렁
거린다
5백미터 앞
궁금한 방향들이 검은 발로 달려온다

다시,의 인대는 아직 튼튼하다

새가 다녀갔어

성에 낀 한밤의 창엔 새털이 수북하다

언니가 다녀간 후로도 궁수자리는 빛나고
음계마다 색을 입힌 귀들의 반란, 어쩌자고 밤은 회문처럼 빙빙 도는지

기차 유리창은 새들의 거처
날카로운 깃이 검은 창을 깊게 긁고 갔다 장미가 제 향기를 탕진하기까지 12시간이 걸리고 향기의 회생엔 설총雪冢이 필요해

밤을 나는 새들의 기척을 복기하는 동안
촉각의 착오 없이는 밤은 낮을, 낮은 밤을 건너지 못하는데

은빛으로 빛나는 새털이
은총처럼 얼고 있는 밤 기차를 타고

나는 금이 간 손을 창에 댄다 우리의 동맹은 가로등 아래 내리는 눈발처럼 성글다

칼 이빨을 가진 호랑이를 꿈꾸는 동안
새들은 털로 자기를 찌르는 데 익숙해졌다

지구의 층계를 오르는 동안에도
누군가 슬핏 지나가는 사이에도

자기 제한으로 빙빙 도는 기차를 타고
우주의 저편의 것들을 환송한다 이마 한가운데 도끼 같은 달이 뜬다

당근마켓

나는 당신 근처를 기억한다 당근 속에서 당나귀가 걸어 나오는
저녁을 노트북과 맞바꾸던 기억도
떨어진 관심을 끌어올려 정수리에 꽂아 두던 기술도

유행 지난 옷가지나 더 이상 쓰지 않는 장난감 먼지 쓴 운동기구를 부끄럼 없이 내놓을 수 있는 마켓을 우린 슬리퍼도 끌지 않고 드나드는데

배터리가 나가면 깜깜해지는 마켓
우주의 모서리에서 손전등을 켜면 옷과 장난감 운동기구가 무중력으로 활공하는
눈꺼풀 사이 이물감 같은 그곳

사거나 주거나 팔거나 흥정하는 손들이
발을 떼고 눈을 파먹고 허옇게 떠다닌다
지금부터 경매에 부치는 감정은 하한가가 없다
당신 근처의 마켓들이
별 쓸모 없는 것들을 까마귀처럼 모을 때
액정화면에 박혀 빠지지 않는 당근들

걸어 나온 당나귀가 후드득 뛰고
놀란 당신이 고삐를 당기고
주머니에서 빠져나간 핸드폰이

익명으로 징징거린다

우주 쓰레기처럼
떠다니다 입수 떠다니다 발광
마지막 근처는 충전이 끝나면 흘러나온다

오늘도 당근했나요

메타버스

고글을 쓴다
고글 속 까페는 브런치의 브릿지
거울에 비친 만 개의 포크가 현수교 소리를 낸다

아바타가 친구 아바타를
소개한다 그의 눈에
내 눈알이 딱 들어맞는다

아무도 묻지 않고
아무도 멈추지 않는
이 세계는 불투명한 화소의 순례지

뇌파가 갈라진 곳에서
더 갈라지고
비밀 아래 비밀의
이종병기가 누워 있다

공공연한 우리가
손톱을 나눠 먹고
무한 복제되는 시각은 광속으로 가라앉고

하나는 일터에
하나는 하느님께
또 하나는 파란 픽션에

복무를 즐긴다

방부제에 담근 해가
잠깐 죽는 사이
허블의 마네킹들이
도로를 활보하고 실행에 중독된 중독자들이 손을 뻗어
스윙 스윙

공손한 고글 위에
무한 반복되는 생일들
현수교의 현들이 우주를 조각낼 때

나는 일요일의 화자話者를 장착한다

오영숙

경북 김천 출생
2016년 월간 〈시문학〉 등단
시집 『꿈꾸고 싶어요 나는 아직도』
연세대학교 시인회의 동인
제12회 삶의 향기 동서문학상 입상
이메일 : 7fresh@hanmail.net

〈시작노트〉

오래 전 늦가을 오후. 기차 안에서 창밖에 펼쳐진 가을 끝자락의 허허로운 들판을 바라보며 한 편의 시를 쓰다.

지금 와서 읽어보니 너무 다 드러난 시여서 산문에 가까운 것 같다. 아직도 시의 눈이 열리지 않아서인지… 갈 길이 멀다.

공허한 하루

스스로 갇혀 사는 틀 속에서
헛바퀴만 돌아가다
하루해가 저문다

참깨 깍지 속에 참깨가 숨어서 크듯
소중한 씨앗 하나 품고 있지만
나만의 신선한 어휘력을 찾으려고
스스로 미쳐볼 뿐
가슴속에 품어온 언어의 발아는
갈수록 안개 속이다

마음 한구석이 수시로 허허로워지고
일상은 늘 길 잃은 사슴이다

부자父子의 뒷모습

제사상 앞에 나란히 선
부자의 뒷모습
직설화법으로 드러내진 않지만
무수한 말들이 숨어 있다

드높은 곳을 향하여 한 계단 한 계단
발돋움하던 남편
막 햇살 받고 파닥파닥 튀는
메뚜기 같던 아들

같은 체온을 지니고 한솥밥을 먹는데도
절하는 뒷모습이 서로 다르다

묵묵히 선 남편은
무언가 깊은 생각에 잠긴 듯한데
연신 곁눈질로 장난기를 감추지 못한 채
웃음이 싱그런 풀빛이던 아들

어느새 성큼,
혼탁한 세상과 맞서야 하는
아버지 나이가 되었다

병풍 앞 촛불이 파르르 떤다

사려니 숲길

가랑잎처럼 시드는 정서를 떨쳐버리려고
홀로 찾은 숲길

오랜 세월에 묻혀 있는 심오한 땅
사람의 손때가 전혀 타지 않은
돌 하나 나무 한 그루도
태초의 숨결이 살아 있다

태초에 땅에 떨어진 씨앗 한 톨은
울창한 숲이 우거지기까지의 원동력이다

천둥 번개 칠 때마다
가슴이 쩍 갈라지지 않았을까

숲이 바라보는 세상 사람들의 모습은 어떨까

상크름한 풀 향기 코끝에 스미는데

스산한 풍경

가을 끝자락에 선 허허로운 들녘

빨갛게 익어가던 사과들도
어느새 서둘러 제 자리를 뜨고 없다

바람이 일렁일 때마다
참새 떼들을 쫓던 허수아비
빈 그루터기에 처박혀 무슨 상념에 젖어 있을까

미처 떠날 채비를 하지 못한 낟가리들은
서릿발 뒤집어쓴 채
주인의 손길을 기다리고 있다

하오의 햇살이 안쓰러운 듯
얼굴을 살짝 내밀려다 사라진다

들판을 가로질러 온 찬바람에
개울가 초연히 내려앉은
가랑잎 몇 잎
파르르 떨고 있다

문득, 다가올 겨울이 두렵다

아름다운 손길

누가 심었을까
뼈만 앙상하게 남은 고사목(枯死木) 밑
호박씨 한 알
포근한 땅속에서 단비를 맞은 씨앗은
의문부호처럼 한 촉의 싹을 틔웠다

이끼 낀 둥치 따라 끝 간 데를 모르고
줄기차게 뻗어 오르는 호박넝쿨
행여나 길 잃고 헤맬까 봐
휠체어 타고 오신 할아버지
발뒤꿈치 바짝 치켜세우고
나뭇가지에 편안한 자리를 마련해 준다

푸른 눈빛 번뜩이며 무성하게 자라는 잎들
여름 내내 죽은 나무에 시원한 그늘을 드리워 주고
서로 다투어 꽃과 열매를 맺으니
오가는 이마다 눈길을 준다

가지마다 영글어가는 호박을 한껏 달고
자랑스럽게 서 있는 고사목

정 성 환

부산 출생
2017년 월간 〈시문학〉 등단
시집 『당신이라는 이름의 꽃말』
부산작가회의 이사
이메일 : richboy79@hanmail.net

〈시작노트〉

"벽에 걸린 그의 좌우명을 보고 운다. 우리는 가난하지만 외롭지 않고, 우리는 무력하나 약하지 않다"는 신경림 시인의 '시골 큰집'(농무)에 나오는 시 구절이 나에게 주었던 위로처럼, 시가 가지는 치유의 힘을 믿는다.

어미 새

엄마는 멀리 날아가지 못했다

아침마다 걸어서 공장엘 갔고
어둑해지면 걸어서 집으로 돌아왔는데

문밖에 달빛 사박사박 쌓여도
이젠 돌아올 줄 모른다

아끼고 아낀 새 옷 입고 온 엄마

화장터에서 마지막 인사도 없이
서로 먼 데만 본다

아주 멀리는
한 번도 떠나본 적 없어서

쪼그라든 날개 파닥이며
내 가슴속에 둥지 트는데
잠시도 떨어지려 하지 않는다

비보호 좌회전

가야 할지 말아야 할지 모르겠어
눈치껏 떠나가란 말은 좀 그렇지
아무리 그래도 당신에게 얘기는 하고 떠나야지
떠나도 좋다는 말
기다리는 건 아니야
그저 그대 마음 식을 때를 기다리는 거지
서둘러 과감해질 필요는 없지 않을까
마음 바뀌는 일이 예고 없이 온다는 것쯤
어른들은 다 알고 있잖아
사랑하다 아프면 책임질 순 없지만
그래도 마지막엔 서로의 마음 살펴줘야지
우리 사랑이 꺾이는 순간이잖아

밤마다 해녀

깊은 밤 꿈속에서 무엇 캐는지
차오르는 숨
휴우우
꿈밖으로 숨비소리 내뿜는 아내
밤마다 해녀가 된다

아직도 어린잎들 주렁주렁
매달려 있어
입술 푸르도록 숨 참느라
물 위로 떠오르지 않을까
걱정이다

뒤웅박 팔자 띄워놓고
억척스런 자맥질마다 막혔던 숨
한꺼번에 몰아쉬며
늦도록 푸른 바닷길
건너고 있다

11월

너무 멀리 왔다는 말과
그간 고마웠다는 말 남기고
새벽 첫차가 출발하면
누군가는 집으로 돌아가겠지
아무도 헤어진다는 말은 하지 않았다
말귀를 알아듣는 고무나무 한 그루만
식어버린 대합실 내 커피를 마신다
상처도 세월가면 꽃 된다는 말
너무 쉽게 하지 마라
사랑한다는 말과
사랑받고 싶다는 말
다른 말이면서 똑같은 말이듯
조급할수록 차마 아무 것도 버리지 못해
아물지 않는 상처 하나쯤
남겨둔다면 우린 언제까지나
끝이 아니잖아

부고

고인들이 쓰다 남기고 간 이름들이
신문 부고란에 수북이 쌓여있다
큰 야망과 출세에 목을 걸지 않은 사람들과
빗돌에 관으로 시작하는 사람들이
생애의 끝자락에 나란히 서있다
고인의 직책이 아무리 구체적이라도
이제 필요한 것은 한 줌의 그리움 뿐
모든 죽어있는 것들은 딱딱해
서러운 문장으로 남았다

윤유점

강원도 원주 출생
2018년 월간 〈시문학〉 등단
시집 『나의 인생의 바이블코드』 외 다수
이메일 : stoneyoon@hanmail.net

〈시작노트〉

한태령의 끝
바다일까
실향일까
그리움일까
조선에 없는 손녀
할머니의 얼굴을 간질인다

어떤 비상

처음으로 가서 날개를 바꿔 달고
알 수 없는 갈비뼈의 슬픔을 흐느낀다
나로 살기로 다짐하며
나는 누구인지 무관심이다
나의 서늘한 눈빛으로 흘러내리고
외로움에 마주서는 잔인한 공허
헤어날 수 없는 불멸을 다독인다
투명하지 못한 사랑은 갈증으로 몸부림치고
내 심장의 푸른 이끼는 싸늘한 향기로 표류한다
짧은 망각이 뇌리에 박히는 동안
스치는 자작나무는 적막한 숲에서 발정한다
흔들리지 않는 회한이 나부끼는 바람
전부를 걸었던 미완의 시절은 역시, 미완이다
푸른 혈이 하늘을 끌어안고 쓰러지면
명료한 고독은 동맥을 끊으며
함께 한 계절을 예약한다
해가 뜨지 않는 세상은 항시 백야로 떠있고
오로라가 빛나는 노르웨이 행은 아득하다
나의 비행은 언제나 연착륙 상태다

꿈의 연대기

비를 맞는 가람나무
어릴 적 잃어버린
신발 한 짝 걸려있다

더 이상 혼자가 아니라는
주문을 듣는다

신발을 닮은 잎들이
우수수 지고

계절풍이 불어오는 틈새로
빈 새벽이 열리고 소망 하나 둘 매달린다

마지막 비상을 향해
허공이 장렬하게 솟아오르는
길을 허문다

얼굴 위로 떨어지는 빗방울
거센 물줄기로 물길을 내고
먼 바다를 끌어올리는 혼돈의 밤을 낳는다

작은 물새의 숨을 거두는 사막
여우 울음의 각도를 잰다

검게 탄 순례자 얼굴 위로
붉은 사막은 거친 숨소리로 떠있다

기억의 장을 넘어가는 바람
오아시스를 발견한 두려움으로
깊은 고독에 잠긴 말을 털어낸다

골목 풍경

지나가는 새벽 2시를 따라
어디서 창문 깨지는 소리가 있다
절망을 찌르는 비명소리가 덩달아 깨진다
어둠이 소리를 꺾는다
아무 대책도 없는 여명
바늘 끝 같은 침묵을 콕콕 찌른다
흐트러진 파편 같은
골목 어귀에 빨간 불이 켜진다
푸른 수염이 자라는 골목
바람은 함부로 불지 않는다
다시 밤이 오고 문이 좌우로 흔들린다
분열과 융합을 획책한다
아무도 슬퍼하지 않는 작별은 끝나고
새벽 2시는 다시 캄캄해진다

붉은 윤곽

가로등과 계단이 있다 슈퍼가 있다
정육점과 포장마차가 있는 골목
빈 박스를 끌고가는 노파가 있다
자전거를 타고가는 그의 그림자는
좀체 지워지지 않는다
CCTV는 없고
자동차 헤드라이트에 핏빛을 흘린
고양이를 찾아나서는 그가 있다
저녁은 느리게 숨을 몰아쉰다
어쩌다 이런저런 내리막길이다
후미진 틈새를 비집고 고양이는
만취한 거리를 엿보고 있다
확대경으로도 희미한 세상
산동네 지붕에서 먼 강을 내려다 본다
나이테는 어설프게 둥글다
어디까지냐고 그는 다시 묻는다
난지도에 핀 팬지꽃 간절한 눈빛이
손가락 사이로 빠져나간다
고양이 눈빛은 조금 더 멀리 있다

청기와집 비망록

그 집, 골방엔 외로움이 산다
몸에 붙어 떨어지는 나무젓가락
손가락은 나무의 온기를 매만진다
손등을 타고 역류하는 세상은
오늘을 모른다 기억조차 없다
뜬금없는 폭풍이 또 한차례 지나간다
유통기간 지난 계절에
이어질 생명줄 그냥 그런 것
혼자 먹는 밥은 외로움을 타지 않는다
종교가 된 그리움 뿌옇게 흐려지고
소망은 나날이 짙은 안개 속이다
혼자 살다 혼자 간 사람들이 뉴스를 탄다
가슴을 관통하는 통증은 차라리 시원하다
침잠하는 그림자 낡은 햇빛이 창가에 앉는다
뒤돌아본 문풍지가 선명하게 떨고 있다

최순해

경남 김해 출생
2019년 월간 〈시문학〉 등단
시집 『내 방이 생겼다』 외 4권
한국문인협회, 부산시인협회 회원
이메일 : umi0614@hanmail.net

〈시작노트〉

여고 시절 자취를 하면서 즐겨 찾던 골목을 몇 십 년 만에 찾았다. 그 당시 제일 번화가였던 골목이 그렇게 왜소해 보일 수가 없다.

군청을 중심으로 병원과 문구점, 서점 등등 상가로 즐비하던 거리는 탈바꿈을 했고 식당가, 극장이 있던 골목은 외롭게 외국인을 상대로 남아 있었다. 눈에 익은 상호가 들어왔다. 중국집 '경화춘' 이었다. 하지만 상호만 그대로일 뿐 우리가 즐기던 자장면은 한식으로 자리매김하고 있었다. 모두가 낯설고 생소하다.

자취생들의 빈 호주머니를 채워주었던 자장면과 순두부백반 '99원 식당' 역시 찾아볼 수 없었다. 다만 추억만이 그리움 속에 꿈틀거렸다.

그저 풍경일까

누추하게 찢겨져가는
전선줄에 매달린 비닐봉지의 운명을
점쳐본다

날아든 비닐봉지의 몸부림
전선줄을 흔드는 바람에게 내보인
반항아의 몸짓인지
인심 좋은 사회풍경인지

항간에 떠도는
소문의 출처를
초록빛으로
설명하는
마법사의 요지경 세상놀이인지

짐작컨대
비닐봉지의 운명을 점 쳤던
생각의 재능을 질투하는
약한 자의 눈이 아닐까 하는
의문을 던져본다

뉴스

화창한 하늘은 오늘의 씀씀이에 분주하다

바람처럼 구름처럼
생각의 깊이를 모아
허공에 그래프를 그려본다

풍부해지는 가을 문턱에서
우울증을 진단하는 민심
매년 찾아드는 태풍의 소식으로
불안과 초조는
시장바구니에 담긴다

어휘의 퍼즐에 따라 전해지는
민심의 깊이
빛들의 광란처럼
수순을 밟는다

문자, 뉴스는 그 누군가로 일어난다

멋모르고 날뛰는 망아지처럼
계속 콩콩 놀이에 열중이다

마음을 열면

마음을 연다는 것은
어두운 심연까지 빛이 비춰질까 하는
희망의 줄기

빛으로 하여 새싹을 틔우고
미래를 향하여 달려가는 용기가 춤춘다

용광로처럼 헉헉대면서
비틀린 생각을 파란 하늘에 동동 띄워
닫힌 문을 열게 하고
거품기로 달걀 노른자를 풀 듯
뭉치고 엉킨 근심을 푼다

상처로 꿈틀대던 삶 같은 것이
소소한 소리에까지 귀 기울이며
즐거워지는
마음의 소리를 들으며 세상은 환하다

어느새 봄은 저만치

시간을 훔치며
환경을 바꾸어 가는 대지
꼼지락꼼지락 몸을 비틀며
바싹 마른 흙더미에 불꽃을 지피는
햇살을 만난다

나무껍질을 뚫고
내민 핏기 잃은 입술과 눈을 맞추며
심연이 정전을 일으키듯 설렌다
박동소리의 살아있음에 행복해지는
순간을 身은 알고 있을까

알거야
그래서 저는 연지곤지 찍어 바르며
봄날의 햇살을 좇아
숱한 가지의 생각들을 소반에 담아
나의 가슴으로 뛰어 오지 않는가?

보라
여기저기서 부르짖는
저요. 저요
앞 다투어 내미는 저 이쁜 입술들
찬란하게 봄을 노래하고 있잖아

잠깐 머물다 가려는
심연의 한편으로
벌써, 봄날의 잔치는 끝나고 있었지만

파를 썰며

매콤한 파의 향기로
매콤한 시집살이처럼
매콤한 눈물이 난다

푸른 신혼의 출발을 "파뿌리가 될 때까지"
성혼 선언문을 외우며
세월이 얼얼할 정도로
살아온 세월

파를 썰며
파의 효능에 대해
성혼 선언문의 의미에 대해 질문해보면

주부의 길이 먼저냐
며느리, 아내, 엄마의 길을
어디다 중심을 두고 달려야
옳은 길인지-

방향을 잃고 길을 헤맬 때가
전성기였다는
세월의 신호가 중심을 잡아 주었다는

영원한 것은
엄마라는 거룩한 이름이 주는 행복에
딸이 좋아하는 소고기국에 넣을 파를 썰었다

권오주

부산 출생
2020년 월간 〈시문학〉 등단
시집 『빛의 화살은 새가 된다』
동원과학기술대학교 교수 역임
이메일 : art81@naver.com

〈시작노트〉

이마와 눈 밑 주름이 더 깊어지기 전 혼자서도 밥해 먹을 궁리를 해야 한다. 운전대 잡을 일도 흔치 않을 것 같아서 십 년 후 면허증도 반납할까 하고 근육이 사라지는 몸을 위해 단백질 보충까지, 신경 써야 할 것도 많아 번거로운 게 한둘이 아니다. 방안 먼지도 털어야 하고 묵혀둔 짐 정리도 내 몫이 되어버린 오늘. 청춘靑春, 시작이다.

가을, 변주

네 기억이 충돌하는 골짜기에서
눈동자 붉게 물든다
사라지는 것이 온전히 돌아와
잎 쓰러질 때
한 발짝 다가서는 발밑에서 깨달음의 용 쏟음
네가 내게로 온다
다만 입을 다물어
누구에게도 말해서는 안 된다며
밤이 되어서야 믿음의 손 내민다

잎의 날들이 길을 나선다

마디마디의 비밀이 서러움으로 타오른다
붉은 날의 결핍,
이별은 아름답고
달은 차가운 땅 아래로 떨어진다
나를 끌어당기는 그대의 몸짓
빛과 바람의 시선이 반짝이고
떡갈나무가 펼치는 축제
잎이 그대에게로 부스러진다

그대에게서 떠나려 하지 않는 것은
달, 산 너머 붉다

갈등

얼굴을 빤히 쳐다보며
불쑥 튀어나온 졸음의 불면과 두통 사이
다시 새벽의 의문이
그대의 숨을 흔들었다
그대의 이마 위에서 수면의 아픔이 중얼거리는 동안
낮은 음표로 입술이 떨었다
수컷이 눈꺼풀을 들어 올리고
눈동자가 흐트러지면
달빛 한없이 달려갔다
고래의 콧등에서 은빛 물방울이 흩어졌다
울음이 떠다니는 밤의 사연과
벽 쪽으로 몸을 눕히면
잠이 설치는 거센 물살의
새벽이 지독한 비명을 숨겼다
해가 떠오르기도 전에
아침은
문을 두드렸다

강우기

나는 한동안 비의 소문에 소외되었다 청바지가 젖는 동안 아스팔트는 기름먹인 듯 번득였다 수직의 칼날로 쏟아지는 등판의 고단함이 빗속으로 빨려들었다 시나브로 바람은 불어오고 집요하게 내리는 비는 나의 어깨를 적셨다 어항 속의 수풀도 젖었다 나는 장마 속으로 걸으며 흔들리는 혀끝의 전율과 덩어리로 밀려오는 지상의 잠결, 서러운 입술이 경련을 일으켰다 튼튼한 경주마의 허벅지에 근육이 일어섰다 보랏빛 갈기를 세운 말들의 눈빛이 빛났다 나는 비의 우연과 일어날 수 없는 꿈속, 달려 나가야 할 모든 것을 위하여 빗줄기의 저항을 가다듬었다

꽃, 안녕

배롱나무꽃 붉던 날
가지 뻗어가는 허공으로 어설픈 이유 떨어지고
사랑, 소멸하듯
어깨 무너져버린 어둠 속 저 촘촘한 이별
눈동자 밖으로 버려진 길
달빛 아래
그대의 젖은 구름
사라져버릴

습관

얼굴을 겨드랑이에 숨긴다 어두운 좌측 통로에 등을 구부리고 잠든 눈을 비비며 혓바닥으로 새콤한 죽음을 핥는다 배꽃이 불타며 떨어지는 밤의 자수정 달의 음지에서 훌훌히 날아다니는 눈물 먹어도 허기를 채우지 못할, 무릎에서의 결핍 씀바귀의 까칠한 졸음이 흔들린다 향을 피우자 몇 가닥의 사연이 흉터로 드러난다 숨겨둔 애증이 내팽개쳐지고 새벽녘 그믐의 달이 숨을 몰아쉬며 눈썹을 움츠린다 빗소리에 부족한 잠을 드러내며 몸이 떨지 않도록 눈의 느릿한 표정이 늪으로 향한다 그늘을 넘어 달빛으로 낮고도 단호한 각도로 달려간다 잠의 치명적인 비밀 잠이 피운 꽃 모서리에 몸을 눕힌다

부산 **詩文學** 시인회 – 특집시

실향의 시대에 산다

사진_이몽희 시인 '청산도'

하동행

강남주

뒷걸음하는 버스에 앉아
고향으로 간다

추운 겨울
지워지지 않는 차창의 성에와
지워서는 안 되는
강재용 선생님의 영어수업 시간과
모두를 간직한 채
차갑고, 매섭고, 잊을 수 없었던
고향을 떠나던 날의 광평 송림
오늘 나는
바람 불던 날의 그 하동으로 간다

절망과 희망이 은유가 되어
하동은 늘
성에의 저쪽으로만 멀어지더니
오늘은 그 성에를 뚫고
내 머리 속에서
아슴푸레하게
되살아나고 있다

초가가 헐린 자리에서는
유년의 기억이 솟아나고
유리창의 낙조가 되어 번쩍인다

두리번거리는
낡아버린 자화상
그것은 이제 나그네의 것이었다

가도 또 가도
시간의 저쪽에서 서성이며
언제나 적당한 거리를 두고 있는
하동은 강물처럼 투명하다
그러나 내게는
가려진 성에의 저쪽에서 흐른다

생일에 창가에 앉아
뒷걸음하는 버스에 앉아
손바닥으로 열심히 성에를 지우며
옛날의 고향으로 간다
차창에 비치는
낡아버린 자화상을
떠올리면서 또 지우면서
고향으로 간다

(1991년 『신서정시 그룹』 제4집에서 재수록)

평화의 둥우리 찾아가리

강정화

반세기 전 외동딸 혼사 때
배우자 고향이 황해도 해주라서
친정아버지 우리 결혼 극구 반대하셨네
살다가 통일되면 딸을 두고 북쪽으로 가면
딸만 낭패 본다는 게 이유였다네
아직도 아버지의 기우는 이루어지지 않고
아버지 먼저 저 세상으로 가셨네
남편은 언젠가 통일되면 고향 집 굴뚝에
숨겨둔 딱지와 왕구슬 읽는 책들 찾겠다는 꿈
물거품이 되어 버렸네

올해도 봄 오고 가을 지나
어김없이 세월은 흘러가는데
새들은 즐거이 남북을 날아가는데
한 민족 한 자손 형제들은
사상과 이념의 족쇄에 걸려
70여 년 세월을 지척에 두고
분단의 아픔 속에 오가지 못하니
폭풍우 치는 바다에 배 띄워 찾아가
흩어진 혈육들 부둥켜안고
우리 평화의 새 되어 날아나 갈까

아침 강변에서

이몽희

강변 다리 밑에서 아침을 맞은 그 남자
흘러온 어느 곳을 뒤돌아보는지
강물 출렁이는 눈동자가 깊다
살아 있어 미안하다는 듯
올려다보는 미소가 깨끗하고

풀어헤쳐진 배낭에서는
예쁜 아내와 고물고물한 아이들이
줄 지어 걸어나온다
방금 옛집에서 아침 식사를 마친 듯
주변의 햇살도 만족한 얼굴

배낭 밑바닥에 숨겨 놓은
방랑의 일기장 몰래 꺼내어
높은 하늘 큰 새의 등에 실어 보내는 것은
그대 다시 고향으로 돌아가기를 비는 내 마음

그대 꿈속의 눈물 자리에
고향처럼 찬란한 복사꽃 피고
그 꽃그늘에서 그대 다시 웃기를 바라
서러운 나의 향수도 함께 실어
푸른 하늘에다 띄워 올렸나니

그런 사이

탁영완

꽃밭에 앉아서 새싹을 보네
하늘 우러러 구름을 만지네

이승이나 저승이나 마찬가지
살아 있거나 죽어 있거나 마찬가지
보거나 못 보거나 마찬가지

발다로의 연인이듯 포옹의 생 바깥이네

고향 방문

조민자

동창들과 벚꽃을 보기 위해
찾아온 화개장터
분홍 레이스 같은 벚꽃은 모두 지고 없다
대신 백옥같이 희디흰 배꽃들 수려한 자태 뽐내고 있다
점심 식사를 위해 청학동으로 간다
호수를 건너서 내가 한번도 가 본 적 없는 새로운 길,
살구꽃 복사꽃이 연분홍 벚꽃 사이로 눈부시게 피어 있다
여긴 왜 벚꽃이 그대로 있어
우리 오기를 기다렸나 봐
오십 년 동창들끼리 주고받는 대화다
산이 높고 골이 깊어
늦게까지 피어 있는 벚꽃을 보면서 우리는 환호했다
산채 비빔밥에 동동주와 곁들여 먹은 청학동 파전 맛은
결코 잊을 수 없으리라
오후에는 비가 내렸다
친구의 말처럼 우리를 만난 후 벚꽃들 떠나가고 있었다
꽃비 맞으며 집으로 돌아오는 길도 한 편의 영화

하얀 꽃길

백영희

낙동강 다리를 건너면
대나무 풍경소리가 바람을 불러
꽃을 심는다
고향의 눈 속에 잠들었던 여자
꽁꽁 언 가슴에
뼈와 피가 돌자
하얀 꽃 텅텅 떨어지는 소리
손과 발을 떠나서
여자는 자전축에 서 있음을 알았다
일몰이 산을 넘자
여자는 삼킨 꽃을 토해냈다
이른 봄의 복수초
여름의 해바라기와 가을의 국화
겨울이면 바람을 접어
가슴에 고향의 꽃길을 걷는다

실향

한경동

지하철을 타고 걸어서 자갈치에 갔다
머리털이 나부끼도록 부는 바람
육십여 년 전에 처음 왔다가 다시 귀향했던가
바닷가 마을들은 한밤중에 잠을 깨고
자글자글 조개소리 만큼 시끄러운 새벽시장
늦은 저녁엔 가스 불빛 아래 고래고기를 씹었다
올 듯 말 듯 남도엔 얼른 눈이 내리지 않았다
다시 찾아간 고향 하늘
낭만을 위하여 도라지 위스키를 마시고
무엇에 화가 났는지 몇 모금 빤 담뱃불을 밟아 끄던 날들
세상은 정조준한 당구알보다 빗맞을 때가 많았다
다시 항구로 돌아왔을 때는 발바닥이 닳도록 살고 싶었다
어느새 고향을 잃어버리고
어디가 고향인지 잊어버리고 그냥 지나갔다
정박 중인 통통배의 랜턴 등불보다 더 흔들렸다
바닷새들만 오늘도 머리 위를 날고 있다

고흐 이미지·7

송인필

솔잎을 헤치자
불개미가 춤을 추기 시작했다

만나는 세상마다 우리가 모르는 전투를 치르고 있다

만나는 시간마다 극적인 순간 뒤에 얼굴을 묻고 있다

태어나 처음 낳은 자식을 묻고 달려야 살 수 있는 바닷길을 찾아
죽을 힘으로 국경을 넘는 불개미들

맨발로 더듬어 찾는 처절한 미래
대포 소리에 얹혀온 불길이 버섯집을 태운다
안방 건넌방, 방이란 방 모두 태우고
온전히 검은 불바다가 될 때까지
불개미는 춤 춘다

이국을 향해 물 위를 둥둥 떠다닌다
우리 춤을 볼 수 없도록 실명하라
불춤을 춘다

포격소리에 맞춰 귀를 접었다 펴는 어린 새끼가
으앙으앙 목청 돋우는 발버둥이
갑자기 잦아들 때

우크라이나의 불개미는
오늘도 극적인 순간을 넘고 있다

동심을 찾아서

배기환

파랗게 봄의 피가 수혈되고 있는 지리산 나들목
청보리밭 이랑 속에 깊숙이 묻어둔
내 동심을 찾으려고 간 북천,
아버지의 헛기침 소리와 어머니의 한숨 소리가
수없이 떠내려 갔을 시냇가의 버드나무 가지 위에
주렁주렁 모여 앉은 새들이 먼저 나를 반긴다

대야천* 건너고 구불구불한 논길 따라 걷다가
가파르게 산을 오르면 내 할아버지의 할아버지
그 할아버지의 할아버지,
그리고 내 아버지와 어머니가 고단한 삶을 접고
봉긋하게 산으로 누워계신다

철 따라 꽃 피우고 산새 울리며
한 자락 고향 산으로 누워계신 우리 어머니
모처럼 자식의 헌주에 붉게 진달래로 피었다가
어느새 산 아래 논배미에서부터 어둑어둑 어둠 몰려오면
어머니는 애야! 그만 내려가거라 빨리 내려가거라!
재촉하시며 내 등을 떠민다

* 고향마을 앞으로 흐르는 냇물

옛집

장동범

가까스로 들머리 찾아
미로 같은 골목길 돌고 돌자
듬성듬성 키 낮은 돌담 용케 남아 있고
마침내 발걸음 멈춘 곳

백여 평 너른 마당에
제비 드나들던 삼칸 슬레이트 집
좌우로 늙은 감나무 시립하고
사철 마르지 않는 우물과
두레박 매어놓던 박태기 나무와
뒤 뜰 청포도 한 그루와
앞뒤 남새밭에
푸릇푸릇 꿈 키우던 옛집
이층 블록 더미에 온통 파묻혔다

경남 마산시 교방동 136번지
10여 년도 더 지난 지금
다시 거대한 콘크리트 아파트 단지로
지명 마저 바뀌었겠다

나고 자란 고향은
저마다 추억 속에 남아 있고
기억마저 희미해지면
우리 모두 고향 잃은 실향민

그 곳, 소환

김지숙

은하수를 건너면 갈 수 있을까
찌르레기 따라 가면 만날 수 있을까
두고 온 달그림자 볼 수 있을까
옛이야기 속으로 들어가면
엄마의 그 땅을 다시 밟을 수 있을까

들판에 꽃눈 내리는 날
달빛 아래 슬몃슬몃 풍등 타고
함박꽃 만발한 그 곳에 가면
다시, 나물전 왁자한 웃음에
기왓장이 들썩대는
흥겨운 말들이 녹은
세상에서 가장 크게 펼쳐진
엄마의 치마폭을 다시 소환할 수 있을까

아홉내가 진해만으로

이혜화

구천동은 아홉내 골짜기
천자봉* 아래,
너덜겅 돌내를 이루고
머루다래어름 품어 눈매 선한 노루도 키우며
사철 내내 맑은 물이 진해만으로 흘렀다

우리집, 대청마루 높아 앞집 배구장 집
앵두나무 단감나무 석류송이 세며
단 맛 들기 기다리고

관동댁 담 넘어 새마을댁 서울 손녀 자랑에
덕담으로 보조개 방긋거리며 내가 자랐다

봄이면 웅동수원지 벚꽃장 꽃눈이
가을에는 봉천지 구절초 꽃덤불
소사리 김달진 문학관은 내 친구네
마당 넓은 집 우물 터였지

성흥사** 금화 보살이던 할머니
온 동네 공양쌀 거두시고
서울내기 다마네기 맛좋은 고래고기
사내 애들은 개구리 잡아
내 모자에 넣고는 깔깔대던 곳

창원군 웅동면 소사리 147번지
천자봉 아래 구천동 아홉내 계곡
진해만으로 모이던 그곳은
잊히지 않는 유년의 꽃궁전입니다

* 경남 창원시 진해구에 위치한 봉우리
** 진해시로 편입되기 전 창원군 대장리 팔판산 아래 절

마중

최지인

"질이 매핸데 오느라 폭 쏙았쏘야~"

강릉시청 앞 사거리 신호등에 걸려
잠시 한눈을 팔다 마주한 플래카드 문구
와락, 가슴에 강물이 출렁거린다

매번 마음만 먹다
이런저런 핑계로 밀려났던 명절 고향방문
눈길 장거리 운전에 지친 남편도
미간에 잔뜩 새겼던 긴장을 펴며 웃는다

살면서 아닌 척
참 많이 긴장하고 애썼던 시간들이
구수한 사투리의 끝을 물고
투정부리듯
주절주절 단추를 풀었다

아침부터 하마 올까
마을 어귀에 미리 나와 있던 부모님처럼
조건 없이
이유 없이
내가 걸어 온 길을
다독다독 품어주는 곳

파도소리와 솔바람소리와 커피향이
망진望診의 탑을 쌓는
내 고향, 강릉

구멍의 세계

- 모슬포 하모해변에서

고훈실

불에 그을린 돌이
구멍까지 첨부했다

까칠했던 시간과
무한천공 사이에서 여자들이
바닷속으로 자맥질한다

구멍은 구멍을 먹고 자라서
내가 깃든 구멍은 몬순을 닮았다
후덥지근한 밤들이 적란운처럼 쌓이던 그곳

고향이라 부르는 것도 아득해진
그을린 해변에서

습관처럼
구멍 난 당신을 만진다

그리운 고향

오영숙

송이버섯처럼 옹기종기 모여 살던 초가집
밤새 함박눈이 축복처럼 내린 산촌
박꽃 같은 마음으로 살아가던 이웃들
다 어디로 흩어졌을까

멍석 가에 모깃불 피워놓고
캄캄한 밤하늘을 우러러보면
은가루처럼 하얗게 깔려있던 별 무리들
다 어디로 사라졌을까

벼 이삭이 누렇게 익어가는 논두렁길
내 발걸음 소리에 깜짝 놀라
번갯불처럼 후다닥 튀던 메뚜기들
다 어느 풀숲에 숨었을까

집 뒤란 눈 덮인 대숲에 쏟아져 내려앉아
하르르 깃을 털며 아침부터 재잘재잘
산골의 고요를 깨우던 참새 떼들
다 어디로 날아갔을까

눈 감으면 선명하게 떠오르는 그리운 내 고향

아무리 세상이 바뀌어도

정성환

사람들은 인터넷이 소문 키우거나
스마트폰이 소식 전한다고
생각할 테지만

어느 날
뻐꾸기 울다 지치면 눈시울 붉은 가을
문득 서 있듯

첫눈,
그가 살고 있는 도시의 일기예보처럼

퇴근길 듣게 되는 김광석의 서른 즈음 노래
밤늦게 누군가 끌고 온 송정 파도소리
왔어도 머물지 못하는 우리가 꽃피던 별

이런 것들이
불쑥,
불 꺼진 내 마음에 들어올 때 있잖아

가만 생각해 보면
어떻게든
늦지 않도록 안부 전하는 그 사람이거든

왔다 갔는지 모르게

자국 없는 침묵의 소식
아직도 전할 것이 남아 행복한 것이지

데칼코마니

윤유점

청록색 물감이 흩뿌려졌다

하루에 두 번 오는 버스
비밀을 간직한 오지마을에 섰다

책가방 하나 달랑 메고
할미 손에 이끌린 나는
진달래꽃 만발하게 웃고 있었건만
할미는 연신 눈물을 훔쳤다

날짜창이 고장 난 시계처럼
시도 때도 없이 째깍거리며
보고 싶은 얼굴들이 지나갔다

하얀 구름 사이로 떠있는 팽나무
물결 속으로 사라질 때마다 나는
높다란 수문 위에서 돌을 던졌다

수면 아래 잠겨있는 우리 집 마당에서
호탕한 웃음소리가 흔들렸다

반짝이는 물빛은 깊고 깊은 골짜기를 휘감았다

99원 식당을 찾아

최순해

한 때는 번화가였던
병원, 극장, 미용실, 의상실-
식당가로 유명한 동상동 골목
화려하고 웅장해 보였던 건물들이
대형 건물 속에 숨어 늙고 초라했다

중화요리로 소문난 경화춘, 빵집과
수다로 살찐 극장골목까지
외국인들의 발자국으로 너절했고

100원도 아닌 99원의
순두부백반은 어디로 갔는지
동남아 식당이 즐비하게
도토리 키 재기 하듯
골목을 좌지우지하고 있다

일원의 차이로
가난한 마음을 부자로 살게 한
99원 식당의 그리움만
실향인처럼 가슴에 떠도는 것인가

철원, DMZ

권오주

지평의 벌판에 있었다
전망대에서 바라보는 습지의 장관
그곳이 내 것이었음 했다
길이와 넓이의 광활함
DMZ, 숲의 정원
나무가 공존하는 뿌리의 생은 몇만 년에서 멈출까?
그 능선에 잠들어 있을 자유
동물과 물의 길조차
막혀 버린
저 구불구불한 철조망의 하늘에
새털구름, 날았다

부산 詩文學 시인회

연혁

부산시문학시인회 연혁

1992. 4. 재부 월간 〈시문학〉 등단 시인들이 모여 부정기로 시낭송회 개최하면서 회원 단체 만들 것 논의함 (도레미센터)

1993. 1. 29 범일동 석화그릴에서 모임 가짐. 단체 명칭 '부산시문학시인회'로 하고 강남주 회원 초대 회장으로 추대 (총무 윤정숙)

3. 26 시낭송 행사에 대한 구체적 논의. 행사 제목 '시가 있는 저녁'으로 하고 행사일은 매월 둘째 주 금요일로, 장소는 영광도서 사랑방으로 정함

5. 14 제1회 '시가 있는 저녁 - 젊은 세대를 위한 시의 가교' 이후 1996년까지 총 30회 개최

1994. 11. 30 제 1 사화집 『자유를 위한 交感』 발간

1995. 12. 21 제 2 사화집 『始生代 바람으로』 발간

1996. 4. 15 부산시문학시인회 한·영·일 대역시집 『세계로 띄우는 우리의 시』 발간 (해원출판사)

5. 24 일본 '호수아비' 동인회와 한·일 시인 교류 협정식 가짐 (해운대 파라다이스비치 호텔)

12. 10 제 3 사화집 『천년을 썩지 않는 슬픔』 발간

1997. 8. 23~24 일본 미야자키에서 한·일 친선 교류 세미나를 '호수아비' 동인회와 공동 개최 (강남주, 이병구, 백영희, 탁영완, 윤정숙 회원 참가)

12. 25 제 4 사화집 『꽃잎으로 수선되다』 발간

1998. 10. 10 제 5 사화집 『견디기, 길들이기, 허물기』 발간

1999. 12. 21 제 6 사화집 『내 안에서 찬란하다』 발간

2000. 11. 30 제 7 사화집 『푸른 내 물소리를 듣고 싶다』 발간

2001. 12. 29 제 8 사화집 『내 사랑, 아웃사이드』 발간

2002. 8. 2~4 일본 대마도 문학기행 (2박 3일)

12. 13 제 9 사화집 『때로는 사무친다』 발간

2003. 6. 24 제1회 '시와 사진전'(전 회원 시와 이몽희 회원 사진, 삼성생명 비추미 전시장)

11. 28 제 10 사화집 『내게로 무너져오는』 발간

2004. 12. 15 제 11 사화집 『내 목소리 낮아지고』 발간

2005. 9. 제2회 '시와 사진전' (전 회원 시와 이몽희 회원 사진, 부산·울산·마산 순회 시사전)

11. 30 제 12 사화집 『나도 하나의 부호이고 싶다』 발간

2006. 11. 10 제 13 사화집 『네 갈망의 곡괭이를 그쯤에서 던지고』 발간

2007. 11. 25 제 14 사화집 『저 무위의 과녁을 향해』 발간

2008. 9. 17 다음 카페 개설 (부산시문학시인회)

11. 19 제 15 사화집 『새의 눈으로 보다』 발간

2009. 12. 20 제 16 사화집 『세상의 저녁』 발간

2010. 11. 29 제 17 사화집 『박제된 시간을 풀고』 발간

2011. 1. 25 신년회 및 임원진 구성 (회장 백영희, 총무 송인필)

4. 25 시와 함께 하는 걷기 행사 - 암남공원 둘레길 걷기

5. 28 한국시문학회 제 35회 봄 문학기행 - 문학특강 및 시낭송회

11. 28 제 18 사화집 『들불처럼 번지는』 발간

12. 27 송년회 겸 사화집 『들불처럼 번지는』, 조영희 회원 『밀물과 썰물 사이』, 백영희 회원 『바람의 씨앗』 출판기념회

2012. 1. 19 신년회 및 임원진 구성 (회장 조영희, 총무 고훈실)

3. 31 장동범 회원 시집 『바람소리 혹은 낚詩』 출판기념회 및 전시회 (이주홍 문학관)

4. 14 시문학 봄 문학기행 (삼랑진 수촌재)

11. 21 부산시문학시인회 발족 20주년 기념 한·중·일 대역시집 『부산의 詩 아시아로 날다』 발간 (제19 사화집 겸함)

12. 26 『부산의 詩 아시아로 날다』 출판기념회 (국제신문 24층 크리스탈)

2013. 1. 28 신년회 및 임원진 구성 (회장 배기환, 총무 최지인)

2. 18 정기월례회 및 시집 공동 출판기념회 (강정화, 배기환, 장동범 회원)

3. 29 백영희 회원 2012 한국동서문학 작품상 수상, 올해의 최고 시로 선정

7. 31 제 20 사화집 『서서 잠든 자의 영원』 발간

10. 16 제 20 사화집 출판기념회 (영광도서)

12. 30 송년회 (원조 뚝배기)

2014. 1. 8 신년회 및 임원진 구성 (회장 김인권, 총무 이효애)
1) 슬로건 : 2014년 '시 섬김의 해'로 지정
2) 매월 마지막 금요일 독서 토론회 지정
(분과 위원 : 이몽희, 고훈실)
3. 8 가덕도 생태마을 (진우도) 탐방
4. 5 범어사 야외 월례회 개최
7 한경동 회원 시집 『누운 섬』 발간
7. 28~29 1박 2일 여름 문학기행 (하동 방아섬)
11. 5 제 21 사화집 『바람의 비늘도 유적이 된다』 발간
11. 28 제 21 사화집, 한경동 회원 시집 『누운 섬』,
최지인 회원 시집 『오래된 약속』 출판기념회 (영광도서 사랑방)
11. 배기환 회원 해양문학상 시 부문 최고상 수상
2015. 1. 집행부 회장 장동범, 총무 이효애
4. 문학기행 (남해, 문학의 향기 돌아보기)
10. 탁영완 회원 시집 『시월국화는 시월에 핀다더라』 발간 및 출판기념
11. 제 22 사화집 『내가 사랑한 시간의 문턱』 출판
12. 14 송년 및 총회 (쥬디스태화 자연별곡 뷔페)
2016. 1. 집행부 회장 장동범 연임, 총무 김예진
1. 22 배기환 회원 을숙도문학상 본상 수상
4. 16 문학기행 (통영, 문학의 발자취 따라가기)
5. 김예진 회원 시집 『게스트하우스』 출판
6. 백영희 회원 시집 『지장경 싹이 트다』 출판
8. 이효애 회원 시집 『그 틈, 읽기』 출판
9. 배기환 회원 제 6 시집 『젊음의 징비록』 출판
9. 23 백영희 회원 부산문학상 대상 수상
10. 8~9 하동 가을문학기행 및 토지문학제 참가
11. 1 탁영완 회원 부산 펜 문학상 본상 수상
제 23 사화집 『하얀 맨살로 바다를 건너와』 출판
11. 조영희 회원 『가덕도, 대구 잡으러 간다』 출판
12. 12 제 23 사화집, 김예진, 백영희, 이효애, 조영희 회원 시집
출판기념회 (다이아몬드 호텔 연회장)

2017. 2. 집행부 회장 이혜화, 총무 김예진
4. 23 문학기행 (진해 일대)
6. 24~25 한국 시문학 문인회 문학기행 (거제, 통영 일대)
7. 한경동 회원 시집 『목간을 읽다』 출판
8. 4 배기환 회원 해양문학상 대상 수상
9. 김검수 회원 부산사상문화상 수상
고훈실 회원 시집 『3과4』 출판
조영희 회원 부산 펜 문학상 본상 수상
10. 조영희 회원 현대시인상 수상, 시집 『낙동강은 얼지 않는다』 출판
강남주 회원 장편소설 『유마도柳馬圖』 출판
11. 장동범 회원 시집 『심심』 출판
제 24 사화집 『차갑고 깊은 발돋움으로』 출판
12. 11 출판기념회 및 송년회 (이비스엠버서더 호텔)
2018. 2. 집행부 회장 김지숙, 총무 최지인
윤유점 회원 입회
3. 정성환 회원 시집 『당신이라는 이름의 꽃말』 출판
4. 28 문학기행 (일광 일대)
6. 23 수국 축제 (태종대 일대)
7. 강정화 회원 시집 『우물에 관한 명상』 출판
8. 25 하계문학특집 - 자필 캘리 특강
10. 26 이몽희 회원 부산원로문학상 수상
10. 27 가을문학기행 (화명수목원)
조영희 회원 낙동강 문학상 본상 수상, 시집 『순회하는 강』 출판
강남주 회원 시집 『흔적 남기기』 출판
이효애 회원 부산시인협회 작품상 수상
11. 윤유점 회원 부산진구문화예술인 본상 수상
12. 22 제 25 사화집 『웃음에는 무게가 없어』 출판기념회 및
~ 23 송년회 (송도 조영희 회원 세컨드 하우스)
2019. 2. 집행부 회장 최지인, 총무 윤유점
4. 13 회동수원지 야유회
5. 16 배기환 회원 부산일보 해양문학상 시부문 우수상 수상

7. 이효애 회원 시집 『괄호안의 고백』 출판
8. 최순해 회원 시집 『시간 감각』 출판
9. 23 광복동 지하상가 '더 공간'에서 시화전 개최
~ 27 (당신과 함께 하는 시의 몸짓)
김검수 회원 시집 『겨울의 사회학』 출판
강남주 회원 소설집 『따로 쓰게 된 방』 출판
10. 16 김검수 회원 낙동강문학상 수상
최순해 회원 부산 펜 문학상 수상
탁영완 회원 시집 『해인의 창』 출판
11. 윤유점 회원 부산시인협회 우수작품상 수상
백영희 회원 시집 『8병동의 똥방』 출판
12. 9 제 26 사화집 『길에서 길을 만나다』
출판기념회 및 송년회 (대서양참치)
2020. 2. 집행부 회장 고훈실, 총무 조민자
3. 故 문덕수 시인 문상
5. 오영숙 회원 입회
7. 11 대연수목원 야외 발표 및 월례회 개최
7. 22 강남주 회원 한국문학인의 상 수상
8. 5 윤유점 회원 해양문학상 대상 수상
8. 10 고훈실 회원 사하모래톱 우수상 수상
11. 제 27 사화집 『행간에 꽃 핀 말들』 출판
2021. 1. 집행부 회장 이몽희, 총무 김지숙, 재무 조민자
이몽희, 조민자, 한경동, 장동범, 김지숙 회원 5인 공동시집
『오후 다섯 詩의 풍경』 출판
5. 장동범 회원 칠순 문집 『나절로 인생』 출판
6. 7 월례회 개최 (일광 마리솔 카페)
조영희 회원 시집 『바다, 그 너머 하늘 끝』 출판
한경동 회원 시집 『모두가 섬이다』 출판
8. 김지숙 회원 시집 『무진장 봄날』 출판
윤유점 회원 시집 『영양실조 걸린 비너스는 화려하다』 출판
9. 11 시민공원 걷기 및 월례회

10.　　최순해 회원 시집 『꽃 진 자리에 찾아들』 출판
11.　　강남주 회원 장편소설 『비요秘窯』 출판
11.　　최지인 회원 시집 『내가 사랑한 시간의 문턱』 출판
　　　　제 28 사화집 『우리가 우리에게 닿지 못하는』 출판
12. 13　송년회 및 합동 출판기념회 (서면 솔내음)
2022. 1.　　집행부 회장 배기환, 총무(재무) 최순해
3.　　권오주 회원 입회
4. 23　용호동 이기대 공원 걷기 후 시낭송회
9. 17　월례회, 특집 사화집 발간 논의 (서면 금복식당)
　　　　탁영완 시인 시집 『바다 탯줄을 당기다』 출판
10. 15　월례회 및 특집 사화집 발간 논의 (서면 금복식당)
　　　　고훈실 시인 등대문학상 수상
11.　2　탁영완 시인 부산시인협회 본상 수상
11. 30　창립 30주년 기념 특집 사화집 『빛과 바람의 시선 반짝이고』 출판
12. 10　특집 사화집 출판기념 및 송년회 (대서양참치)

부산시문학시인회 주소록

강남주	48075 해운대구 대천로 103번길 61 LG아파트 110동 802호	010-8551-6000 051-702-1447
강정화	12907 경기도 하남시 풍산로 270 미사강변도시 베라체2단지 204동 1405호	010-3594-2084 051-555-7878
이몽희	46043 기장군 일광면 이천11길 23 102-1102호(동부산쏠마레)	010-3550-5485
탁영완	47196 부산진구 동평로 218 일동미라주 아파트 103동 1401호	010-4585-2158 051-802-2158
조민자	51017 경남 김해시 율하2로 164 1303-702호	010-2353-4489
백영희	46274 금정구 중앙대로 1763번길 36-11 금정빌리지 702호	010-6581-8875 051-515-0349
한경동	46213 금정구 금정도서관로 13번지 화신아파트 403호	010-9653-6521 051-508-6521
송인필	52433 경남 남해군 남면 남서대로 1010-8	010-8524-9310 055-321-3300
배기환	48577 남구 이기대 공원로 26번길 21-4 3동 205호 (용호동 화신골든맨션)	010-3870-0536 051-623-0530
장동범	48306 수영구 남천동로 91, 104-802호 (금호어울림더비치)	010-3728-3774
김지숙	25631 강원도 강릉시 강동면 헌화로 906-10 힐이스턴하우스 102동 402호	010-3563-7819
이혜화	46971 사상구 새벽로 215번길 84 대부정공(주)	010-8554-7579 051-322-7579
최지인	47168 부산진구 개금 본동로 42 개금 반도보라아파트 103동 205호	010-8904-8240 051-892-8240
고훈실	47837 동래구 아시아드대로 234 반도보라아파트 103동 2003호	010-5488-7152
오영숙	48239 수영구 연수로260번길 53(망미동) 흰돌실버타운 1동 501호	010-2576-4204
정성환	48298 수영구 광안동 473-2 광안동에스케이뷰 104-2801호	010-8858-7962 051-702-7952

윤유점	47281 부산진구 신천대로 140(부전동 607)	010-5441-6736
최순해	47516 연제구 세병로 44 102-1401호(거제 1동, 롯데캐슬)	010-9613-0707
권오주	47516 북구 금곡대로 268 304동 1304호(화명동, 화명대림타운 아파트)	010-3583-3791

창립 30주년 특집
2022 부산 詩文學 사화집 29

빛과 바람의 시선 반짝이고

인쇄일 | 2022년 11월 15일
발행일 | 2022년 11월 30일
발행인 | 배기환 외
발행처 | 부산시문학시인회

펴낸곳 | 도서출판 푸름사 (등록번호 제329-2009-000010호)
부산광역시 부산진구 부전로 35. 301호(부전동, 삼성빌딩)
Tel:(051)805-8002 Fax:(051)805-8045
전자우편 : doosoncomm@daum.net

부산시문학시인회 카페 http://cafe.daum.net/poetryfamily

값 8,000원

ISBN 978-89-94839-30-1 03810